도천서원道川書院

경상대학교 남명학연구소
남명학교양총서 33

도천서원 道川書院

김기주 지음

景仁文化社

목 차

서 문

질문이 단순하다고 답마저 단순한 경우는 많지 않다. '인간적인 삶이란 어떤 것일까?'라는 물음도 그런 경우에 해당한다. 아마도 이 물음이나, '인간적인 삶'에 대해서는 복잡하고 복합적인 조건 속에서 다양한 이야기가 가능하다고 생각된다. 하지만 그 가운데서도 '의衣·식食·주住' 세 요소는 아마 무엇보다 먼저 충족되어야 할 조건이라고 말할 수 있을 것이다. 인간적인 삶 이전에, 그 삶의 토대가 되는 생존과 깊이 관련되기 때문이다.

그럼에도 의·식·주라는 세 조건 중에서도, '의'는 인간적 삶과 더욱 깊이 관련되어 있다. '식과 주' 두 가지 요소보다, '의'에서 인간과 동물의 더욱 깊고 뚜렷한 차이를 발견할 수 있기 때문이다. 인간을 제외한 그 어떤 동물도 섬유를 사용하거나 의복을 착용하지 않는다. 이런 이유에서 의복이나 섬유 없는 인간적 삶은 근본적으로 불가능하다 말할 수도 있을 것이다.

우리나라에서 의복이나 섬유의 혁명적 변화는 목화의 도입에서 시작되었다. 그 이전 일반 서민들이 사용할 수 있었던 섬유는 매우 제한적이어서, 생존조차도 담보하기 어려웠다. 겨우 짐승의 가죽이나 삼베, 칡베 등을 사용하는 수준이었기 때문이다. 이점에서 목화의 도입 이전에는 아직 '인간적 삶의 조건'이 충분히 확보되지 못했다고 말할 수 있는 셈이다. 그런데 우리나라에서 이와 같은 섬유의 혁명적인 변화, 섬유와 관련된 '인간적 삶의 조건'에서 중요한 변화를 불러온 사람, 그가 바로 문익점이다.

물론 그의 역할은 이것에 한정되지 않는다. 그는 저술이나 문헌을 남기지 않았지만, 고려 말 이곡의 학문을 계승하면서, 성리학의 주요한 흐름에 자리 잡았다. 나라에서 효자비를 세웠을 만큼 집안에서는 효를 실천하였고, 조선이 건국되는 과정에서는 불사이군의 충을 실천하였다. 단순히 중국으로부터 목화를 도입한 공적 외에, 그는 성리학에 대한 이론적인 이해와 함께 그것을 실천하는 삶을 살았던 것이다. 도천서원은 바로 이와 같은 삶을 살았던 문익점을 기념하는 서원이다. 그리고 이 책은 '도천서원'과 그곳에 제향되는 문익점에 대한 기본적인 이해를 목표로 한다. 그가 도입한 목화가 우리의 역사에서 어떤 의미를 가지는지, 도천서원은 어떤 과정을 거치며 세워졌고 또 이건되거나 중건되었는지, 문익점을 비롯해서 그 동안 도천서원에서 제향했던 인물은 어떤 사람들이고, 이들은 어떤 삶을 살았는지, 그리고 현재 도천서원의 건축물은 또 어떻게 구성되어 있는지 등을 살펴보고 있다.

교육이 반드시 교실이라는 특정 장소에서 교사와 학생의 관계 속에서만 이루어지는 것일 수 없다. 서원에서 한 인물을 제향하며 기념하는 것은 또 다른 형식의 교육이다. 기념의 방식으로 문익점과 같은 삶을 살아가도록 권고하고 있기 때문이다. 그런 의미에서 이 책이 목표로 하는 도천서원에 대한 기본적인 이해 역시 또 다른 방식으로 문익점을 기념하는 방식이자, 그의 삶을 닮아 가도록 권고하는 교육의 방식이기도 하다. 문익점을 통해 그리고 도천서원에 대한 이해를 통해 궁극적으로는 나 자신을 더욱 깊이 이해하며, 성찰하고 성장시키는 계기를 만들어 가는 것, 그것이 이 책의 근본 목표라 말한다면 책의 가벼움에 비해 지나치게 무거운 것이 될까?

과거 섬유는 수 많은 과정을 거치고, 수 많은 사람의 노력을 기울여야 겨우 얻을 수 있었다. 그런 까닭에 그것은 수고로운 것이었고, 또 수고만큼이나 귀한 것이기도 했다. 그런데 오늘날에 이르러 섬유와 의복은 너무 흔한 것, 큰 노력이나 대가를 치르지 않아도 얻을 수 있는 것이 되어버렸다. 자연스럽게 섬유의 가치에 대해서도, 문익점에 대한 평가에 있어서도 소홀할 수밖에 없게 되었다. 문익점에 대한 이해로부터 섬유의 가치, 더욱 근본적으로는 인간적인 삶의 조건을 돌아볼 수 있다면 참 좋겠다고 소망해 본다.

2018년 4월
벚꽃과 봄비에 취한 날 김기주

제1장

목면과 문익점

도천서원은 문익점文益漸(三憂堂, 1329~1398)을 제향 하는 서원이다. 제향 한다는 것은 그를 기념한다는 것이고, 동시에 그의 삶을 모범으로 삼는다는 것을 의미한다. 서원의 교육은 바로 이런 모습으로 진행되었다. 마음속에 삶의 전형, 닮고 싶은 사람을 가지는 것 그것이 바로 서원의 교육이었다. 문익점은 우리나라에 처음으로 목면을 도입한 사람이다. 이것은 그를 도천서원에 제향하는 두 가지 중요한 근거 가운데 하나다. 다른 하나는 그의 스승이자 이색李穡(牧隱, 1328~1396)의 부친인 이곡李穀(稼亭, 1298~1351)으로 연결되는 그의 사승과 함께 성리학 전승과정에서 확인되는 그의 역할이다.

그렇지만 어떤 측면에서 보더라도, 그에 대한 이해는 목면과 깊이 관련되어 있다. 목면과 문익점은 불가분의 관계 속에 있는 것이다. '도천서원'에 관한 논의를 '목면'에서 시작해야 하는 이유도 바로 여기에 있다. 곧 문익점과 그의 업적, 곧 도천서원을 세워 그를 제향하는 까닭을 이해하기 위해서는 무엇보다 먼저 '목면'이 무엇이고 그것이 어떤 의미와 가치를 가지는지부터 이해해야 할 필요가 있다.

1. 목면과 인류문명

어리석은 질문하나를 던져보자. '섬유'없는 인간적 삶이 가능할까? 깊이 생각할 것도 없이 그 대답은 당연히 '불가능'이다. 인간이 입고, 덮고, 신고, 닦는 모든 것이 섬유이거나 섬유와 밀접하게 관련되어 있다. 인간의 삶이 '섬유'와 밀접하게 관련되어 있다는 점은 군이 설명조차 필요로 하지 않는다. 현재 자신의 모습을 돌아보면 되기 때문이다. 누구나 옷을 입어야 하고, 이불을 덮어야 한다. 옷이 없는 삶은 상상할 수 없다. 바쁜 일상 속에서 공기가 얼마나 중요한지 잊고 있듯, 잠시 잊고 지낼 수 있을 뿐이다. 이것 하나만으로도 섬유가 인간적 삶에서 얼마나 중요한 조건 가운데 하나인지를 깨닫기에 충분하다. 이런 까닭에 인류의 역사는 곧 섬유 혹은 섬유산업의 역사라고 말할 수도 있을 것이다.

쉽게 상상할 수 있지만, 원시적인 단계에서는 당연히 사용할 수 있는 옷감의 대상 역시 제한적일 수밖에 없었을 것이다. 하지만 그 필요성으로 인해, 방적기술은 우리가 흔히 상상하는 것보다 훨씬 일찍 등장했다. 사실상 인류문명이 첫걸음을 내딛기 시작한 때라고 할 수 있는 신석기시대, 곧 기원전 1만 년 전후로 농경과 목축이 시작되고 저장도구인 토기를 만들기 시작했을 즈음, 이미 동물의 털과 식물의 줄기, 식물의 종자모 등을 이용하여 실을 만드는 방적기술 역시 등장하였다. 그것은 인류문명이 가장 빨리 등장한 곳 가운데 하나인 유프라테스강 상류지역의 북이라크 원시농경 유적인 자르모Jarmo에서 확인된다. 이곳에서는 실을 만들 때 쓴 방차紡車의 방추紡錘가 출토되었는데, 이것으로부터 당시에 이미 방적기술이 발명되었음을 알 수 있다.

방적기술의 발명은 인류의 의생활에 큰 혁신을 가져왔다. 신석기시대에 사용하였던 옷감은 짐승의 털로 만든 축융포縮絨布와 나무껍질로 만든 수피포樹皮布, 그리고 갈葛[칡베]·등藤[등나무]·곡穀[짚]·마麻[삼]·아마亞麻·저마苧麻[모시]·면綿[목면]·모毛·견絹[명주] 등의 실로 만든 망류網類와 편물·직물織物 그리고 각종 염색물染色物 등 그 종류가 대단히 다양했다.

축융포는 짐승의 털이 자연계에서 축융縮絨, 곧 습기·압력·열에 의하여 서로 엉기고 줄어드는 현상에 주목해서 만들어진 발명품으로, 동물을 죽이지 않고 옷감을 얻는 방식이기도 했다. 나무껍질로 만든 수피포樹皮布는 나무가 풍부하고, 그 정도만으로 보온이 가능한 비교적 더운 지방에서 방적 방법이 발견되기 이전에 등장한 것이다. 편물은 실을 규칙적으로 얽어서 만든다는 점에서 경사經絲와 위사緯絲를 필요로 하는 직물보다는 전단계의 옷감으로 좀 더 일찍 등장했다. 매듭의 종류도 실을 걸어놓고 인접한 실과 실을 서로 엇바꾸면서 엮어 만든다는 점에서 넓게는 직물 이전 편물의 범주에 속한다. 중국과 남아메리카 안데스지역에서 일찍이 만들었던 나羅는 편물과 직물의 중간단계라고 할 수 있다.

스위스의 호상유적湖上遺跡에서는 편기編機와 직기織機의 중간형인 수직기垂直機가 발견되어 옷감의 제조 발달과정을 보여준다. 직물은 경사와 위사를 사용하며, 이 경사와 위사가 서로 교차해 통과되면서 짜여 져야 한다. 이와 같이 직물을 만드는 과정은 상당한 기술과 지혜가 발휘되어야만 가능했다는 점에서 대단히 중요하게 평가되고 있고, 그래서 이 같은 기술을 신석기시대의 위대한 발명품이라고 부르기도 한다.

그런 까닭에 직물은 다른 옷감과는 달리 그 발상지에서 안데스지방과 중국의 화남華南 지방을 제외한다면, 고대 신석기 문명이 등장한 4대강 유역과 대체로 일치한다. 고대 문명이 등장한 지역을 중심으로 살펴보면, 황하유역에서는 누에고치에서 얻은 비단, 그리고 모시나 삼베와 같은 마섬유를 사용하였다. 인도의 인더스강 유역에서는 목면을 사용하였으며, 메소포타미아와 유프라테스강 유역에서는 양모를 이용하였고, 나일강 유역에서는 아마를 이용하였다. 기후와 식생 등 지역적인 조건과 특징에 맞춰서, 황하강 유역에서는 견직물문화, 인더스강 유역에서는 면직

사진 1 아마꽃

물문화, 유프라테스강 유역에서는 모직물문화, 나일강 유역에서는 아마직물문화가 자리 잡고 발전했던 것이다.

이렇듯 목면은 인더스문명의 중심에 위치하면서, 가장 오래전부터 인간의 생존 조건을 제공하였고, 또 인류역사에서 섬유산업의 중요한 토대이자 자원으로 작용하였다. 목면에서 생산된 면綿은 비단이나 양모와 비교해 더욱 높은 경제성으로 인해 지난 수천 년동안 의복의 원료로 광범위한 지역에서 사용되었다. 그것이 흔하고 서민적이어서, 문화사적 측면에서 비단만큼 주목을 받지

못한 것은 사실이다. 하지만 근대에 와서는 산업혁명을 불러일으
키는 주요한 계기 가운데 하나가 되었을 만큼 인류 문화 발전에
도 기여하였다. 특히 목면은 경제성으로 인해 서민들의 의생활에
큰 공헌을 하였고, 그것은 현재에도 예외가 되지 않는다.

2. 목면의 종류와 원산지

그렇다면 이렇게 인류의 문화나 역사와 함께한 목면에는 어떤
종류가 있고, 그것은 어떻게 세계적으로 널리 전파되어 마침내
우리 한반도까지 들어오게 되었을까? 먼저 목면의 종류를 살펴보
면, 크게 두 종류로 구분된다. 하나가 '목면木綿'이라면 다른 하나
는 '초면草綿'이다. 목면의 경우 다년생의 나무에서 열리는 열매
로부터 솜을 얻는다면, 초면은 일년생 풀의 열매로부터 솜을 얻
는다. 이런 구분에서 보자면, 우리나라에서 재배하고 또 일반적
으로 목면이라고 부르는 것은 사실 '목면'이 아니라 '초면'이다.
목면과 초면은 여러 종이 있지만, 특히 중요한 네 개의 종이 오
래전부터 세 대륙에서 재배되었다. 그 네 개의 종은 바로 인도면
(G. arboreum)과 아시아면(G. herbaceum), 육지면(G. hirsutum)
과 해도면(海島棉, G. barbadense)을 말한다.
아시아와 일부 아프리카 지역에서 재배된 인도면과 아시아면
의 원산지는 각각 인도·파키스탄과 남아프리카·아라비아반도로

알려져 있다. 인도면이 언제부터 재배되기 시작하였는지는 분명하지 않다. 하지만 인도와 파키스탄에서 발견된 기원전 2300년경의 것으로 추정되는 면직물 유물에 근거해 보자면 그 시기는 이보다 훨씬 이전이었을 것이라 추측된다. 인도면은 여러해살이풀 목본으로 인도·아라비아·아프리카에서 재배하였고, 가장 오랜 역사를 지니고 있다. 그러나 현재 인도 이외의 지역에서는 그리 재배되지 않는다. 섬유가 매우 질기지만, 거칠고 짧은 단점이 있기 때문이다.

아시아면의 경우 전해지는 유물이 없어, 재배가 시작된 시기를 더욱 짐작하기 어렵다. 인도에서는 가장 오래전부터, 그리고

사진 3 초면(일년생 초면)

이란·중국·한국·일본 등지로 전래되어 재배되었다. 섬유가 짧고
잘 꼬이지 않아 방적용으로는 적당하지 않다. 그래서 보온을 위
한 이불솜이나 옷솜, 카펫·담요 등에 사용되었다. 문익점에 의해
도입된 이래 우리나라에서 재배된 품종이기도 하다.

여러 단점이 있음에도 불구하고 아시아면은 성장기간이 짧아
고위도 지방에서도 재배가 가능한 특징을 가진다. 꽃의 색깔로는
백색과 홍색이 있고, 솜털은 종자에서 잘 떨어지지 않는다. 인도
면과 아시아면, 이 두 종은 모두 오랫동안 아시아와 아프리카 지
역에서 재배되었으나, 더욱 우수한 경제성을 가진 신대륙의 품종
이 전래된 후, 이 두 종은 도태될 수밖에 없었다.

신대륙의 품종은 남아메리카 페루 원산인 해도면과 중앙아메리카·멕시코가 원산인 육지면의 두 종류가 있다. 해도면은 남아메리카 서북부에서 주로 재배되었는데, 페루 중부 해안과 에콰도르에서 발견된 고고학적 유물에 근거해 보자면, 기원전 3000~3500년경부터 재배되기 시작한 것으로 보인다. 열대 남아메리카가 원산지이며, 성장했을 때 키는 거의 2m에 달한다. 꽃은 밝은 황색 바탕에 자주색 반점이 있고, 열매는 3조각으로 갈라진다. 솜털은 백색으로 명주실 같은 광택이 난다.

반면에 육지면은 중앙아메리카 대부분의 지역과 카리브해에서 재배되었는데, 멕시코 테우아칸(Tehuacan) 계곡에서 발견된 고고학적 유물로 볼 때 기원전 2000~3000년경부터 재배되기 시작한 것으로 추정된다. 과테말라·페루·멕시코 등에서 재배된 만생종으로, 북위 37°까지 재배가 가능하다. 꽃은 백색 또는 담황색이고 반점이 없다. 솜털은 종자에서 잘 떨어지며 백색으로 길고 잘 꼬여지므로, 방적원료로 적합하다.

이 두 종은 품질이나 생산량이 우수하여 아시아와 아프리카 일부를 제외한 대부분의 지역에서 아시아 원산의 두 종을 대체하였다. 특히 품질은 해도면보다 떨어지지만 경제적인 측면, 곧 생산량에서 앞서는 육지면을 가장 선호하여, 현재 세계 목면 생산의 90% 이상을 육지면이 차지하고 있다.

3. 목면의 전파 과정

목면이 인도로부터 서쪽지역, 곧 중동지역과 유럽에 전파된 것은 기원전 327년 알렉산더 대왕의 인도 원정이 계기가 되었다고 알려져 있다. 이 때에 기온이 비교적 따뜻한 이집트를 비롯한 지중해에 면한 반도와 도서지역에 목면이 전래되어 재배되기 시작했던 것이다. 이러한 전파 경로는 'cotton'이라는 표기가 등장하는 과정에서도 확인되는데, 영어의 'cotton'이라는 말은 인도어의 'katan'이 아랍어의 'qútun' 또는 'kútun'을 거쳐 만들어진 것으로 알려져 있다. 이것은 목면의 전파 경로와 일치하고 있는 것이다.

이것이 인도로부터 서쪽지역으로 목면이 전해지는 과정이라면, 동쪽으로 목면이 전래되는 과정은 중국을 거쳐 한국과 일본으로 이어지는 모습이다. 중국의 경우에 서기 99년(후한 영원11)에 편찬된 한자 자전인 『설문해자』에는 목면과 관련된 글자가 실려 있지 않는다. 이점에서 당시까지 목면은 아직 중국에 전래되지 않았다고 이해된다. 물건이 없으니 그것을 표기할 문자 역시 필요하지 않았던 것이다.

반면 1717년(청 강희 55)에 편찬된 『강희자전康熙字典』에는 목면을 지칭하는 '면棉'이라는 글자가 등장한다. 그리고 그 뜻을 "목면이 열리는 나무이름으로, 열매는 누에고치에서 얻는 실과 같다"고 설명하고 있다. 흔히 목면은 한자로 '목면木棉' 혹은 '목면木綿'이라고 표기하는데, '면棉'이라는 글자가 후대에 만들어진 것이라면, '면綿'은 본래 누에고치로부터 뽑아낸 끊어지지 않은 '누에고치실'을 가리켰다. 하지만 뒷날 목면이 들어오면서 누에 고치실과 비슷한 모습을 한 목면을 누에고치로부터 얻은 실이 아니라 나무로부터 얻은 실이라는 뜻의 '목면木綿'으로 표기하게 되었다고 생각된다. 그리고 초면이라 부르지 않고 목면이라 불렀다는 점에서 보자면, 중국에 처음 전래된 것이 초면이 아니라 목면이었을 것이라 짐작되는 데 그것은 대체로 사실과 일치한다.

앞에서 살펴 본 것처럼 중동이나 서양에는 기원전 4세기에 이미 목면이 전래되었다면, 중국이나 한국 등에는 그보다 훨씬 늦은 시기에 전래되어 재배되었다. 정확한 전래 시기는 확인하기 어렵지만, 중국에는 중동이나 서양에 비해 상당히 늦은 10세기 이후 인도로부터 목면 씨앗이 유입되어 12세기부터 본격적으로 재배된 것으로 알려져 있다. 물론 일부자료에서 보자면, 후한後漢 시대에 이미 광동이나 운남 등 중국 변경지역에서 일부 재배했다는 기록이 있고, 남북조시대에는 신강성新疆省 토로번吐魯蕃의 고창국高昌國에서 재배했다는 기록이 있다. 하지만 중국의 주류인 한인들이 목면을 본격적으로 재배하기 시작한 것은 송나라 시대였다.

송나라 신종 시대 복건성福建省 복주福州의 장계현령을 지낸 범정민이 지은 『둔재한람』의 길패조吉貝條에는 복건성과 광동성의 경계인 민령의 남쪽에 목면이 많아 지역 사람들이 경쟁하듯

심고 포를 짜서 '길패포吉貝布'라고 부른 사실을 기록하고 있다. 민령의 남쪽은 곧 광동지방을 가리키며, 길패는 곧 목면을 가리킨다. 남송시대에 접어들어서는 리종理宗 때 광주지사를 지낸 방대종의 경우 「권직길패포」라는 글에서 "길패포는 남해 및 천주로부터 전래되어 광주사람들에게 의복을 제공했다"고 서술하고 있다. 이와 같은 기록에서 당시 복건성 천주에서 길패가 재배되었고, 또 그곳에서 생산된 면포가 광주로 들어와 옷감으로 사용되었음을 알 수 있다. 그런데 『송사』「최여지전崔與之傳」의 내용을 보자면, 당시 광동성이나 해남도에 길패목이 재배되면서 면포를 생산한 것으로 보이는데, 이 길패목은 우리가 알고 있는 일년생 초본이 아닌 다년생의 목본이고, 그래서 초면이 아닌 목면이라는 용어가 정착하게 되었던 것이다.

이수광의 경우에도 저서 『지봉유설芝峯類說』에서 '목면'이라는 명칭이 잘못되었다고 지적하였고, 이규경도 『오주연문장전산고五洲衍文長箋散稿』에서 목면은 나무에서 열리는 다년생의 면을 의미하기 때문에 우리나라에서 재배하는 것은 '목면木綿'이 아니라 '초면草綿'이라 불러야 한다고 말한다. 다시 말해서 목면은 다년생의 나무에서 열리는 면을 가리키고, 초면은 일년생의 풀에서 열리는 면을 가리키는데, 중국 남방에서 재배한 길패는 다년생의 나무에서 채취한 목면인 것이다. 이런 의미에서 보자면 우리나라에서 재배한 '목면'은 당연히 '목면'이라 불러서는 안 되고, '초면'이라 불러야 하는 것이다.

사진 4 다년생 목면의 열매

중국에서 일년생의 목면, 곧 초면에 대한 구체적인 기록은 원대에 나온 『농상집요農桑輯要』가 가장 오래되었다. 이 책은 1273년(송 세조 지정 10) 사농사司農司에서 편찬한 농서로, 목면재배의 방법을 기록한 중국최초의 문헌이다. 이 책의 권2 「논저마면조論苧麻綿條」에는 "저마는 본래 남방의 산물이다. 목면은 또한 서역에서 생산된 것으로, 근래에 와서 저마는 강남에서 심고, 목면은 섬서성의 서쪽 지역에서 재배하여 잘 자라고 잘 성장하였는데, 본래 심던 곳과 다름이 없었다"라고 기록되어 있다.

비슷한 시기에 남송의 호삼성胡三省이 강남에 목면을 심었던

사진 5 직물

것을 보고한 내용이 『음주자치통감音注資治通鑑』에 기록되어 있
다. 이러한 기록에서 원나라 초기와 남송 말기에 목면이 재배되
기 시작하고 또 확대되어 가는 모습을 확인할 수 있다. 또 이와
같은 기록에 근거해 보자면 일년생의 목면은 원나라가 세워져 남
송과 대립하던 시기에 섬서성陝西省 서부를 거쳐 사천성四川省 등
의 지역으로 전파되었고, 면포綿布가 상품으로 광범위하게 유통
되며 확대되었다는 점을 알 수 있다. 특히 원나라 초기, 곧 1289
년을 전후해서는 이미 자세한 목면의 재배방법과 함께 절동浙東·
강동江東·강서江西·호광湖廣·복건福建 등에 목면제거사木棉提擧司
를 설치하고, 해마다 목면 10만필을 운송하는데 도제거사都提擧
司라는 관리를 두기도 하였다. 목면 재배가 확대되면서, 특히 목

면을 이용한 양탄자의 방직업 역시 발전하였다.

  우리나라에는 고려시대인 14세기 후반에 문익점에 의해 원나라로부터 목면이 도입되었고, 조선 왕조의 성립과 더불어 목면 재배가 본격화된 것으로 추정된다. 문익점이 원나라에 사신으로 들어간 때는 『농상집요農桑輯要』가 편찬된 지 거의 90년이 지난 때였고, 왕정王禎의 『농서農書』가 출간되고 50년이 지난 뒤의 일이다. 특히 이때에 『농상집요』는 이암(1297~1364)에 의해 원元나라로부터 수입되어 있어서, 이미 목화에 대해 문익점을 포함한 고려의 지식인들이 알고 있었을 가능성이 높다. 이처럼 문익점이 원나라에 사신으로 들어가기 이전, 곧 13세기 후반 혹은 늦어도 14세기 초에는 이미 중국의 화중華中·화북華北지방까지 일년생의 목면이 재배되고 있었던 것이다.

  따라서 문익점이 원나라에 사신으로 가게 된 14세기 중반에는 당시 원나라의 수도인 하북의 연경(현재의 북경)에도 이미 목면 재배가 진행되었을 것으로 짐작되고, 따라서 문익점이 목면 씨앗을 구해 귀국하는데 별 장애가 되지 않았을 것이라 생각된다. 우리나라에 목면이 이처럼 14세기 중반에 전래되었다면, 일본에 목면이 전파된 것은 100여 년이 늦은 15세기로 보는 것이 일반적인데, 전반적인 목면 재배가 시작된 것은 16세기 후반부터였다.

4. 목면이 바꾼 세상

문익점이 목면을 도입해서 보급할 당시 우리나라 의복의 원료는 삼베大麻, 모시苧麻, 명주明紬가 대부분이었고, 일부 상류계층에서는 값비싼 비단을 중국에서 수입해 사용하고 있었다. 이와같은 상황에서 문익점은 재배가 용이하고 직조織造가 비교적 쉬우며, 질기고 보온이 잘 되는 솜과 무명을 개발하여 백성 모두가혜택을 누리는 큰 공적을 남겼다. 이때부터 목면이 기존의 대표적 직물이었던 모시와 삼베 등을 상당부분 대신하면서, 의복과침구 등 생활문화 전반에 큰 변화가 일어나게 되었다.

이러한 변화를 「효자비각」에서 이황은 다음과 같이 설명한다.

우리나라에는 뽕나무나 삼은 겨우 심기는 했지만, 실과 솜을쓰는 것과 명주의 화려함은 민간에 보급되지 못했다. 그러니 이전에 우리나라 민간에 통용되던 것은, 털옷과 삼베 칡베 등의 종류에 불과할 따름이었다. 이때에 이르러 선생의 식견과 생각의원대遠大함으로 인해서 이 면화가 나라 안에 가득히 퍼져 유통되어 드디어 오곡五穀이나 육부六府와 공효功效를 함께 하게 되었다. 우리나라의 수많은 백성들이 굶주림과 추위에서 벗어날 수있었을 뿐만 아니라, 온 나라의 의관衣冠과 문물을 환하게 새롭게 만든 것이다. 즉 우리 조선조朝鮮朝에서 특별히 총애하여 선양하도록 명령을 연이어 내린 것은, 분수에 넘친 은전恩典이 아니고, 마땅한 것이다.

목면이 도입되기 전, 우리나라에는 일부 지배층을 제외한 대부분의 사람들이 털옷과 삼베, 칡베를 사용할 수 있었을 뿐이었다. 삼베가 대마의 껍질을 삶아 가공해 만든 것이라면, 칡베는 칡을 삶아 가공해 만든 것이다. 이것들은 더위를 이기는 데는 매우 훌륭한 섬유이지만, 추위를 막기에는 턱없이 부족하였다. 이런 상황에서 목면의 도입은 이황이 지적하듯, 추위를 이기도록 하는 작용 외에, 정치 사회적으로 의관과 문물을 새롭게 만든 데서 무엇과도 비교할 수 없는 의미와 가치를 가진다.

이와 같은 절실한 필요성 때문인지, 문익점이 목면재배에 성공한 1366년(공민왕 14)부터 불과 25년이 지났을 때 정부는 백성들에게 혼수용婚需用으로 값비싼 비단 대신 무명을 사용하라는 교지를 내릴 수 있었다. 또한 36년 뒤인 1401년(태종 1) 3월 『태종실록』의 기록에서 권근은 '백성들이 모두 무명옷을 입는다'고 말한다. 표현에 약간의 과장이 포함되어 있다고 하더라도, 그만큼 목면과 관련된 산업이 빠른 속도로 발달했음을 알 수 있다. 일반 백성들의 삶에서 목면에 대한 수요와 필요성이 그토록 절실했다고 이해할 수도 있을 것이다.

목화의 재배

인도가 원산지인 재래종 목화는 삼베에 비해 상대적으로 따뜻한 기후에서 재배된다. 그런 까닭에 목화는 따뜻한 남쪽 지역에서만 주로 재배되었다. 조선이 건국된 후 나라가 어느 정도 안정된 세종과 성종 시대에 이르러 목화를 북쪽 지방까지 재배 범위를 확대하기 위해 노력하고, 장려했지만 크게 성공하지는 못했다고 판단된다. 『조선왕조실록』 성종 10년(1479년) 11월 19일 기록을 보면 대사간 박안성 등이 "평안도 백성들은 한 사람도 솜옷을 입은 이가 없는 실정"이고, "병졸들을 강제로 내보내서 눈을 무릅쓰고 정벌하는 것은 옳지 않다"고 왕에게 보고하는 기록이 있다. 또 중종 20년(1525년)에는 함경북도 병사 이기가 "길주, 명천, 경성 등의 지역에 11월 8일부터 11일까지 4∼5자씩의 큰 눈이 내려 경성에서만 얼어 죽은 사람이 무려 1백여 명이나 되었다"는 내용의 보고서를 올리기도 했다.

그런데 이런 동사자가 발생하는 일은 북쪽의 추운 지역에서만 일어난 일은 아니었다. 동사자는 수도인 한양에서도 있었는데, 연산군 4년(1498년)에는 "숭례문 밖에서 얼어 죽는 사람이 있는데, 산판을 오르내리면 어떻게 얼어 죽는 사람이 없겠습니까"라면서 밤 사냥을 중단할 것을 주장하는 내용이 실려 있다. 현종 11년에도 "한양 성 안 길에서 얼어 죽은 사람이 많다"는 보고가 올라오자 "의지할 데가 없어 얼어 죽은 사람에게는 유의나 옷감을 지급하라"는 명령을 내리기도 하였다. 그리고 『실록』의 여러 곳에는 "수직하는 병사나 죄수들이 얼어 죽지 않도록 빈 가마니를 지급하라"는 왕의 지시가 실려 있다.

조선시대 들어와 본격적으로 시작된 아시아면인 재래면在來綿 재배는 기후 때문에 주로 북위 37도 이남 지역에서 이루어졌는데, 조선시대에는 전라도 전 지역과 경상도 중남부 내륙 지역이

주 산지였다. 그런데 20세기 초반 일제 강점기가 시작되면서 우리나라의 목면 재배와 면직물 생산에는 큰 변화가 일어났다. 일본인들이 신대륙의 품종인 '육지면'을 들여와 재배하기 시작하면서 품종이 완전히 바뀌게 되었던 것이다. 재배 목적 역시 농민이 직접 자가 소비하는 형태로부터 대규모 산업 생산으로 전환되면서 사회 전반에 큰 영향을 미치게 되었다. 1904년 일본 영사 와카마스若松兎太郎가 목포 고하도高下島에서 육지면의 시험 재배에 성공한 후, 재래면의 주 산지였던 광주·전남 지역은 전국 목면 재배 면적의 40%이상을 차지하는 등 목면 재배와 관련 산업의 중심지로 변모하였다. 그리고 일제강점기에 목포항은 목면의 최대 반출항이 되었다. 육지면 재배의 활성화와 경작지의 확대가 일제의 식민지 수탈을 위해 추진되었던 것이다.

그런데 이렇듯 일제강점기 목면을 수탈해 갔던 일본에 처음 목면을 전래한 것은 조선이었다. 일본에 목면이 재배되기 이전인 14세기 후반을 전후한 시기, 곧 공정(室町, Moromachi)시대부터 일본은 조선으로부터 목면제품을 대량으로 수입하였다. 『성종실록』 21년 12월의 기록 등에는 일본에서 목면을 얼마나 수입하고, 또 그것을 수입하기 위해서 얼마나 큰 대금을 치러야했는지를 확인할 수 있다. 하지만 불과 100여년 만인 15세기 중엽 일본에서도 목면이 재배되기 시작하였고, 16세기 후반에 이르러 생산량은 증가하여 서민들도 목면을 사용할 수 있을 정도가 되었다.

일본으로 목면을 수출한 『성종실록』의 기록

『성종실록』 21년(1490) 12월의 기록을 살펴보면, 9일과 13일, 20일에 연이어 토산물을 바치고, 또 27일자에는 대마도주인 종정국宗貞國이 직선職宣을 사신으로 보내와 토산물을 바치며 목면을 보내줄 것을 부탁하는 내용이 기록되어 있다.

"일본국日本國 대마주태수對馬州太守 종정국宗貞國이 직선職宣을 특사特使로 보내 토산물을 바쳤다. 그 서신에 "지난해에 보내드린 황금黃金과 주홍朱紅에 대하여 그 값으로 면포綿布 9천 2백 94필匹 32척尺을 보내 주셨는데, 상품[上秤]를 요구할수록 상품을 얻게 되었으니, 성은聖恩의 지극함을 사실 무어라고 감사해야 할지 모르겠습니다. 대체로 무역貿易을 하면서 있고 없는 것을 서로 교환하는 것은 고금古今의 공통된 이치로서, 이익이라는 측면에서는 손해도 이익도 없는 것입니다. 그러나 비록 신臣이 보내드린 황금과 주홍은, 지금 귀국貴國에서는 비록 적당한 쓰임이 없으면서도, 해마다 마지못해 요구에 응하면서 그 값을 내려 주시니, 그 뜻은 언덕과 산보다 더 무겁습니다. 견포絹布나 마포麻布의 종류는 우리나라에 본래 있는 것입니다만, 다만 무명[木綿]이 없습니다. 그래서 순전히 무명만을 희망하오니, 살펴주시기 바랍니다. 그리고 운송運送으로 인하여 백성들이 수고롭고 우마牛馬가 지친다는 것은 들어서 알고 있습니다. 알면서도 범하는 것은 큰 죄이나, 용서해 주시기를 천만 번 바랍니다. 지금 향정신우위문위饗庭新右衛門尉 대중신大中臣 직선職宣을 차정差定하여 전사專使로 삼아, 황금 26근斤 40문文을 크고 작은 것 1백 34정挺으로 세어 보내고, 주홍朱紅 3백 과裹와 구리[銅] 1천 1백 근을 보내오니, 상방尚方에 있는 면포綿布를 하사下賜하시면 만행萬幸이겠습니다. 대도大刀 2자루와 연련練 2필匹을 진상합니다.""라고 하였다.

이와 같은 목면의 재배와 그 전래과정에서 보자면, 목면은 단순히 한 종류의 식물을 재배하고 확산하는 제한된 의미 외에, 면직물 문화의 특징을 가진 인더스 문명의 전래라는 문화적 의미와 함께 가장 손쉽게 삶에 필요한 섬유를 확보하도록 만들었다는 점에서 경제적인 의미 등을 가진다. 특히 목면의 재배는 서민의 주거생활에 큰 변혁을 가져오는 계기를 만들었고, 이점에서 문익점의 역할은 너무나 커서 그 가치를 헤아리기 어려운 것이다.

『이재난고』에서 확인되는 누비 솜옷의 가격

18세기 전북 고창 출신의 황윤석(1729~1791)이 10세 때부터 63세 임종하기 2일 전까지 자신이 보고, 듣고, 경험한 것을 기록한 『이재난고頤齋亂藁』에는 무명 옷감 사이에 솜을 넣어서 누빈, '누비 솜옷'의 가격이 기록되어 있다. 양반이 입던 고급 누비 솜옷은 상평통보 4냥, 평민이 입던 누비 솜옷은 2냥이었다.

2냥짜리 '누비 솜옷'은 현재의 가치로 얼마가 될까? 직접적인 확인은 불가능하지만, 당시와 오늘날의 쌀값을 매개로 추정해 보면, 대강 9만 2천원으로 계산된다. 당시 쌀 1섬(약 144kg)은 5냥이었고, 지난 해 우리나라 20kg의 쌀 가격은 3만 2천원 전후인데, 이것을 1섬 가격으로 환산하면 23만원이다. 쌀 1섬＝5냥＝23만원으로, 상평통보 1냥은 현재의 가치로 4만 6천원 전후가 된다. 그래서 서민용 '누비 솜옷' 1벌을 사려면 상평통보 2냥, 오늘날 가치로 9만 2천원의 돈이 필요했다.

제2장

도천서원의 역사적 전개

앞에서 우리는 도천서원에 대한 이야기를 시작하기에 앞서, 문익점과 목면의 관련성 속에서 목면이 어떤 의미를 가지고 있는지를 짧게 살펴보았다. 목면의 도입은 단순히 한 종류의 식물 씨앗을 도입하여 재배하기 시작하였다는 제한적인 의미나 가치만을 가지지 않는다. 그것은 개인과 사회의 모습을 바꾸고 개선하는 힘을 가진 것이기도 했다. 그래서 문익점 이전과 문익점 이후 한반도에서 살아가는 삶의 모습은 상당부분 혹은 질적으로 달라졌다고 말할 수도 있을 것이다. 그리고 도천서원은 바로 그 목면을 도입한 문익점을 제향하는 서원이다.

이 서원은 경상남도 남해군 미조면의 초전삼거리와 철원군 대마사거리의 남과 북을 잇는 3번국도변, 곧 산청군 신안면 신안리

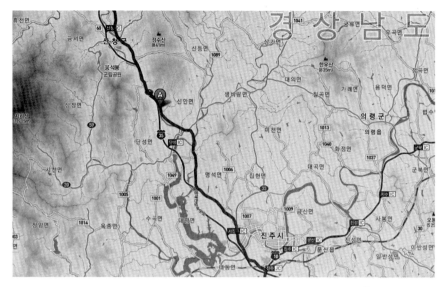

사진 6 3번국도와 도천서원(Ⓐ지점)

에 위치해 있다. 동쪽으로 문익점의 묘소가 있는 노산을 중심으로 낮은 봉우리들이 둘러싼 자리에 서원은 정남향으로 자리 잡은 모습이다. 하지만 도천서원이 본래 이 자리에 이런 모습으로 있었던 것은 아니다. 그렇다고 서원이 본래 어디에 어느 정도의 규모로 자리잡고 있었는지를 확인할 방법도 없다. 여러 차례에 걸친 이건과 중건의 과정을 거치면서, 오늘에 와서는 본래 서원이 어디에 있었는지 그 위치나 규모를 확인하는 것조차 거의 불가능해져 버렸다. 다만 현재의 위치에 현재의 모습으로 자리 잡게 된 것이 1975년이니 지금으로부터 40여 년 전이다.

사실 어느 정도의 규모를 가지거나 오랜 역사를 가진 서원은 건립연도나 중건시기 등이 비교적 정확하게 알려져 있다. 그런데 도천서원의 경우는 정확한 건립시기를 단정하기가 쉽지 않다. 그것은 물론 이건과 중건이 계속 이어진 복잡한 전개과정 때문이기도 하고, 또 그 과정에서 서원의 역사적 전개과정에 대한 기록물들이 몇 차례나 불타거나 유실된 까닭이기도 하다. 여기에 더해 남겨져 전해지는 도천서원의 역사적 전개과정을 기록하고 있는 여러 문헌들의 서로 일치하지 않는 내용도 정확한 이해에 걸림돌로 작용한다.

도천서원의 역사적 전개과정을 확인할 수 있는 문헌은 적지 않은 양인데, 그것을 분류해 보면 크게 두 종류로 구분된다. 하나는 국가에서 기록한 공식적인 자료로, 주요 문헌에는 『조선왕조실록』이나 『승정원일기』, 『국조보감』 등이 있다. 이러한 문헌에 기록되어 있는 내용은 대체로 사실에 가장 근접하고 그만큼 신뢰할 수 있는 것이라 생각된다. 다른 하나는 개인의 문집이나 저술에 실려 있는 도천서원 혹은 문익점과 관련된 문헌들과 함께 『삼우당실기』에 실려 있는 기록들인데, 이들 가운데도 당연히 중요하면서도 사실과 일치하는 것이 있지만, 내용에 따라 신뢰도가 낮은 기록이 전혀 없는 것은 아니다.

특히 『삼우당실기』에 실려 있는 「가전家傳」의 경우는 문익점의 증손인 문치창文致昌이 1464년에 지은 것으로 기록되어 있다. 하지만 이 문헌은 그 내용이 다른 어떤 기록보다 상세함에도 불구하고, 어느 섬의 후손에게서 1808년에서야 처음 입수되어 세상에 알려지는 공개과정 뿐만 아니라, 그 이전의 어떤 기록에도 이 문건 자체나 그 내용에 대한 언급이 없다는 점은 신뢰도를 떨어뜨리는 원인이 된다. 하지만 지금 이 「가전」과 이것을 토대로 만들어진 「연보」는 문익점과 도천서원을 이해하는 가장 일반적인 시각을 제공하고 있는 것이기도 하다.

이들 문헌들은 문익점 본인의 생졸연대에서 시작해, 그가 역임했던 관직들, 그리고 그의 중요한 공적 가운데 하나인 사신으로 원나라에 들어가 목면 씨앗을 가지고 귀국하는 과정에 대한 설명에서 모두 상당한 기록의 차이를 보여준다. 도천서원의 건립 과정 역시 이들 문헌들이 보여주고 있는 주요한 차이점 가운데 하나다. 도천서원은 본래 '도천사'에 기원을 두고 있는데, 이 '도천사'가 세워진 연대를 확정하기가 쉽지 않은 것이다. '도천사'의 건립시기를 가장 빠르게는 문익점이 사망한지 오래지 않은 1401년(태종 원년)으로 보기도 하고, 또 다른 기록에서 보자면 1461년(세조 7) 혹은 늦게는 1561년이나 1612년까지 늦어지기도 한다. 이제 각 문헌들의 기록을 비교해 가면서, '도천사'가 언제 건립되었고, 또 그렇게 건립된 '도천사'가 어떤 계기로 '도천서원'으로 전환되면서 역사적으로 전개되어 왔는지 그 시간을 거슬러 가보자.

1. 도천사가 세워지기까지

당연히 서원은 하나의 교육기관이지만, 넓은 의미에서 볼 때, 특정인물에 대한 선양 혹은 기념사업과 결코 무관하지 않다. 특히 본격적인 서원의 시대가 시작되기 이전에, 문익점을 제향하기 위해 세워진 사당 '도천사'는 더욱 그의 선양사업과 관련성을 가질 수밖에 없다고 생각된다. 사실 문익점을 추모하며 그 공적을 선양하고 기념하는 활동은 그의 사후에 곧바로 시작되었다. 하지만 그렇다고 그를 제향 하는 서원, 곧 도천서원이 그의 사후에 곧바로 세워진 것은 아니다.

당시에는 아직 서원에 대한 사회적 수요나 필요성, 사회적으로 큰 공적을 세운 인물을 제향하며 교육을 진행하는 기관으로서의 서원이 존재하지 않았던 때였다. 그럼에도 불구하고 이처럼 그의 사후에 곧바로 선양활동이 시작되었다는 사실은, 그로부터 시작된 목면재배와 목면방직이 서민들의 의생활을 비롯하여 생활 전반에 미친 영향이 지대했고, 또 그것을 민간이나 정부에서도 이미 잘 알고 있었음을 보여준다.

문익점의 생졸연대는 문헌에 따라 상이하게 기록되어 있다.『삼우당문집』의「가전」이나「연보」에는 고려 충혜왕 원년(1331)에 태어나 조선 정종 2년(1400) 2월 8일에 세상을 뜬 것으로 기록되어 있다. 그 근거는『국조방목國朝榜目』「전조과거사적前朝科擧事蹟」의 기록에 의거한 것으로 짐작되는데, 공민왕 9년에 치러진

동당감시에서 문익점은 정몽주 등과 함께 급제하였고, 이때에 그는 신미년인 1331년에 태어난 것으로 기록되어 있다. 반면에 『태조실록』의 기록에 따르면 태조 7년(1397) 6월에 70세의 나이로 사망하였다고 기록되어 있는데, 그렇게 계산해 보면 그의 출생 시기는 충숙왕 15년(1328)이 된다. 『태종실록』의 태종 원년 (1401) 3월 권근이 문익점의 아들 중용中庸에게 벼슬을 내려 줄 것을 청하면서, 그가 3년 동안 시묘살이를 했다고 말하고 있는데, 문익점이 최소한 1397년에 사망해야 1401년이 되었을 때 3년의 시묘살이를 잘 했다고 말할 수 있을 것이다. 이 밖에 영조 48년에 이미李彌이가 지은 「신도비명神道碑銘」과 정조 9년에 황경원黃景源이 찬한 「묘지명墓誌銘」에서 문익점의 사망연대는 우왕 9년(1383)으로 파악하고 있다. 이 세 가지 관점 중에서 어느 것이 사실과 부합하는지를 확인하거나, 어느 쪽이 잘못되었다고 단정하기는 어렵다. 다만 여기에서는 「가전」과 「연보」의 시각에 의거해 서술하며, 이것은 문익점의 생졸연대에 대한 일반적인 시각이기도 하다.

사실 문익점은 조선왕조의 개국을 주도했던 개혁론자들과는 다른 길을 걸었다. 그는 급진개혁파의 토지제도 개혁을 위한 논의에 참여하지 않음으로서, 새로운 왕조의 개국에 우회적인 반대의 입장을 표명했다. 또 고려가 망한 후 새 나라에서는 벼슬에 오르지 않았다. 그런데도 그가 1400년(정종 2)에 사망하자, 조정에서는 곧바로 그에 대한 추증追贈의 논의가 진행되었다. 그리고 그는 '참지의정부사예문관제학동지춘추관사參知議政府使藝文館提學同知春秋館事'에 증직贈職됨과 동시에 '강성군江城君'에 봉해졌다.

여기에는 분명 공적이 있는 인물을 우대함으로서 조선왕조 건립의 명분을 확보하려는 정치적 의도가 있었을 것이다. 하지만 그 보다는 그가 비록 개국에 반대했더라도, 목면 도입에 대한 그의 공로를 인정하지 않을 수 없었다고 생각된다. 1401년(태종 원년)에 권근權近이 백성들의 일상생활에 끼친 문익점의 공로를 근거로 제시하면서, 그의 아들 문중용文中庸을 조정에 천거하여 사헌부감찰司憲府監察에 발탁한 것도 이러한 사실과 무관하지 않을 것이다.

그런데 『도천원적道川院蹟』이나 『삼우당문집三憂堂文集』에는 문익점에 대한 기념사업이나 묘사廟祠와 관련한 또 다른 내용이 기록되어 있다. 그 내용을 살펴보면 문익점에 대한 기념사업은 그의 사망 전부터 시작해 사후에 즉각적으로 시행되었다. 『도천원적』에서는 고려 말인 1383년(우왕 9)에 안렴사 여극연呂克珚과 고성군사 최복린崔卜麟을 보내 문익점이 살던 마을에 효자비를 세웠다고 기록되어 있다. 그리고 1563년(명종 18)에는 단성현감으로 있던 안전安瑼이 효자비각을 건립하였고, 이때 이황李滉이 쓴 「효자비각기孝子碑閣記」가 지금도 전해진다.

또한 『삼우당문집』의 「가전」에는 1401년(태종 원년)에 '부조묘'를 건립하였다고 기록되어 있다. 그 보다 앞서 1400년(정종 2)에 조정에서 제사비용을 충당하기 위한 토지인 제전祭田과 함께 수총守塚[묘지기] 4인, 후손의 요역徭役 부담을 면제하는 복호復戶가 결정되었다. 그리고 여기에서 주목해야 할 부분은 그 이듬해인 1401년(태종 원년)에 예문관제학藝文館提學으로 증직되고, 강성군江城君으로 봉작되었다는 실록의 기록 외에, 「가전」에는 충선忠宣으로 시호諡號를 받았으며, 1440년(세종 22)에 영의정領議政으로 증직되었고 부민후富民侯로 봉작되었다고 기록하고 있는 점이다.

정부의 공식적인 기록과 비교해 보면, 사당의 건립 같은 문익점을 기념하는 사업의 진행에서 상당한 시각 차이를 드러내 보여주고 있는 것이다. 『태종실록』에서 최초로 확인되는 사당 건립 추진은 1410년(태종 10) 사간원이 올린 다음과 같은 건의에서 확인되지만, 여전히 사당 건립은 시작되지 못하였다.

사람이 의뢰하여 사는 것은 의식衣食뿐입니다. 우리 동방東方이 처음에는 뽕나무[桑]와 삼[麻]만 알고 목면木綿이 무슨 물건인지 알지 못하였는데, 간의대부諫議大夫 문익점文益漸이 중원中原에 사신으로 갔다가 그 씨를 얻어 가지고 돌아와서 우리 백성에게 혜택을 주면서, 위로 경사卿士에서 아래로 서인庶人에게 이르기까지 상의上衣·하상下裳을 모두 이것으로 만드니, 백성에게 공功이 있음이 가위可謂 크다 하겠습니다. 그러므로 국가에서 이미 포상褒賞의 법法을 거행하여 작질爵秩을 추숭追崇하였으니, 가위可謂 온당하다 하겠습니다. 그러나 예전을 상고하면 무릇 한 도道에 공功이 있는 자도 모두 사당祠堂을 세워서 제사하는데, 하물며 한 나라에 공功이 있는 자이겠습니까? 원컨대, 관향貫鄕에 사당을 짓고 제전祭田을 주어서 제사지내어, 성조盛朝의 덕德을 높이고 공功에 보답하는 뜻을 보이소서.

사간원에서 문익점의 사당을 건립할 것을 건의하는 근거나 이유 역시 그의 목면 도입이 가진 가치와 공적에 초점이 맞춰져 있다. 하지만 그의 사당祠堂을 건립하는 것과 사당에서 제사를 지낼 비용을 조달하는 제전祭田의 지급은 벼슬의 추증이나 후손에 대한 등용을 통해 이미 일정한 포상褒賞이 이루어졌기 때문에 적절하지 않다는 견해에 따라 실현되지는 않았다. 1398년에 진행된 벼슬의 추증과 제전지급, 그리고 1401년에 이루어진 문중용의 등용을 가리킨다고 이해된다.

이렇게 1410년(태종 10) 사당을 건립해야 한다는 주장이 있었지만 실현되지 못하다가, 다시 본격적으로 사당 건립과 관련된 논의가 제기된 것은 40여 년의 시간이 흐른 1456년(세조 2)이었다. 당시 집현전직제학集賢殿直提學으로 있던 양성지梁誠之(1415~1482)가 모두 24개조에 이르는 시무책時務策을 제시하면서, 그 첫 번째 항목으로 다음과 같이 문익점과 최무선의 사우를 세워야 한다고 주장하면서 구체화되었다. 『세조실록』의 내용을 보면 다음과 같다.

문익점文益漸·최무선崔茂宣의 사우祠宇를 세우는 것입니다. 대개 신이 들으니, 성인聖人이 제례祭禮를 제정할 제, 백성에게 본받게 선행을 행하면 제사하였고, 능히 큰 환란[大患]을 막으면 제사하게 하였습니다. 우리 동방에는 예전에 목면木綿의 종자種子가 없었는데, 전조의 문익점文益漸이 봉사奉使로 원元나라에 체류하여 비로소 얻어다 심어서 드디어 일국에 널리 퍼져서 지금은 귀천貴賤·남녀男女 할 것 없이 모두 면포綿布를 입게 되었습니다. 또 신라新羅 때부터 단지 포석砲石의 제조만 있고 역대歷代로 화약火藥을 만드는 방법을 몰랐는데, 전조 말에 최무선崔茂宣이 처음으로 화포火砲를 만드는 방법을 원元나라에서 배워 가지고 돌아와 그 기술을 전하니, 지금은 군진軍鎭에서 사용하여 이로움이 말할 수 없습니다. 최무선崔茂宣의 공은 만세萬世토록 백성의 해害를 제거하였으며, 문익점文益漸의 공은 만세토록 백성에게 이로움을 주었으니, 그 혜택을 사람들에게 준 것이 어떻게 적다고 하겠습니까? 바라건대 2인의 관향貫鄕인 고을에 사우祠宇를 세우고 봄·가을에 그 고을의 수령이 제사를 지내도록하고, 그 자손은 공신이라 부르고 죄는 용서해 주어 등용하소서.

양성지는 성인聖人들이 제례祭禮를 정할 때 백성이 본받을 선행善行을 행하거나, 국가의 큰 환란[大患]을 막은 사람에 대해서는 국가적으로 기념하고 제사지내도록 했다는 점을 근거로 제시하면서, 목면을 도입한 문익점과 화약을 개발한 최무선의 고향에 사당을 세우고 봄·가을에 그 고을의 수령守令이 제사를 지내도록 해야 한다고 주장했던 것이다. 하지만 이때에도 정부의 공식적인 문건에서는 양성지의 의견이 받아들여졌다거나 혹은 받아들여지지 않았다는 어떤 답도 기록되어 있지 않다. 다만 『삼우당문집』
의 「연보」에는 양성지의 건의가 받아들여져서 문익점의 위패가
봉안된 사우祠宇가 1461년(세조 7)에 세워지고, 조정으로부터 '도
천사道川祠'라는 명칭으로 사액賜額이 이루어졌으며, 또한 왕명에
의해 사우의 관리와 제사경비 조달을 위한 사전祀田의 지급이 이
루어 졌다고 기록되어 있다. 그런데 「연보」의 토대가 되었던 「가
전」은 바로 1464년에 쓴 글임에도 불구하고 이 '도천사'의 사액에
대해 아무런 기록을 남기지 않고 있는 것도 주목되는 부분이다.

　살펴본 것처럼, 정부의 공식적인 문건 어디에서도 '부조묘'와
'도천사'의 건립이나 사액과 관련된 기록을 확인할 수 없지만, 유
독 『삼우당문집』의 몇몇 문헌에서 1401년(태종 원년)에 하나의
'부조묘'가 건립되었고, 1461년(세조 7) 다시 사우가 건립되었다
고 기록되어 있는 것이다. 여기에서 몇가지 의문이 떠오른다. 「연
보」의 기록은 얼마나 신뢰할 수 있을까? 이렇게 두 차례에 걸쳐
세워진 사당은 2개의 각기 다른 사당일까? 아니면 하나의 사당이
세월이 흘러 쇠락하자 다시 세운 것일까? 이 문제에 대한 답을
찾기 위해 『삼우당문집』에 실려 있는 「묘사기」 등의 문헌을 확
인해 봐도 사실은 분명한 답을 찾기는 어렵다.

　현재 『삼우당문집』에 실려 있는 「묘사기」는 모두 3종이 있고,
그 가운데 온전하지는 않지만, 1562년을 전후해서 조식이 쓴 「묘
사기」가 가장 오래된 것이다. 그런데 이 조식의 「묘사기」에서도
"천순 5년(1461)에 도천에다 사당을 짓고 춘추로 제사를 올리게

되었는데, 이 또한 임금님이 특별히 명하여 고을 사람들이 그렇게 한 것이다."라고 기록하고 있을 뿐이다. 어디에도 이 사당이 어떤 명칭인지, 그 구체적인 연혁은 어떻게 되는지에 대해서는 기록이 없다. 조식의 「묘사기」는 이원李源의 부탁으로 지은 것으로 전해지는데, 이원의 『청향당실기』에도 이 상황에 대한 기록은 남아있지 않는다.

오히려 『청향당실기』에 실려 있는 이원의 「연보」에서는 1563년의 행적을 다음과 같이 기록하고 있다.

선생 63세 4월에 조카 광우와 함께 도산으로 가서 퇴계를 만나, 외선조外先祖 강성군江城君 문선생文先生의 비각碑閣 기문을 청하였다. 그리고 광우가 그곳에서 수학하도록 부탁하였다. 비석은 배양리培養里에 있다. 홍무洪武 계해년(1383)에 효孝로 정려旌閭를 명한 것이다. 문씨가 분산된 후 선생의 조모 영인令人 문씨文氏가 방백方伯에게 글을 올려 호소해, 비각을 세워 보호하게 되었다. 선생이 이 때문에 퇴계에게 기문을 청한 것이다.

여기에서는 사당에 대한 한 마디도 언급이 없고, 다만 이원의 조모이자 문익점의 증손녀가 방백에게 호소하여 세운 비각의 기문만을 이황에게 부탁하고 있는 것이다. 그런데 이원의 조카인 이광우의 『죽각집』에 실려 있는 당시 관찰사에게 올린 편지에서는 보다 자세한 사정이 기록되어 있다.

저의 증조모는 영인令人 문씨文氏로, 전조前朝의 좌사의대부
左司議大夫 효자 강성군江城君 익점益漸의 증손녀입니다. 문공文
公의 사적事蹟은 모두 『국승國乘』과 『삼강행실도三綱行實圖』에
실려 있으니, 번거롭게 설명하지 않아도 합하閤下께서 이미 알고
계실 것입니다. 그러나 문공의 묘묘는 현縣의 북쪽 갈로산葛蘆山
에 있고, 문공의 옛 터는 현의 남쪽 배양촌培養村에 있습니다. 홍
무洪武 연간에 조정의 명으로 비석을 세워 그의 효성에 정려旌閭
하였고, 가정嘉靖 연간(1562)에 이르러 관청에서 비각을 세워 그
비석을 보호하였습니다. 영인 문씨는 공의 잔약한 후손으로, 공
의 옛 거주지에 살면서 정성껏 묘와 비석을 지키는 데 힘썼습니
다. 그러나 늙고 나니 다시는 그 일을 계승할 만한 다른 후손이
없었습니다. 그러므로 방백에게 소장을 올려, 그 곁에 사당을 세
우고 사람을 차임해 보호하게 해 달라고 호소하였습니다. 또한
자손들에게 유언하여, 그들로 하여금 성묘省墓하게 하고, 벌목을
금하였습니다. 그러므로 저의 조부로부터 부친 대에 이르기까지
대대로 관장하여 폐하지 않고 지금까지 이르렀습니다.

이광우의 편지에서는 비각을 세운 일 외에 사당을 세운 일까
지도 언급하고 있다. 이러한 언급에서 보자면 대체로 1561년을
전후한 시기에 효자비각과 함께 일정한 규모의 사당이 세워진 것
은 사실이라고 생각된다. 하지만 이 사당이 어떤 이름을 가졌는
지, 1401년에 세워졌던 '부조묘'를 다시 세운 것인지, 아니면 또 다
른 사당인지, 그 기능은 무엇인지에 대해서는 확인할 길이 없다.
다만 『삼우당문집』에 실려 있는 '부조묘'의 복건을 청원하는

장령 이섭과 주중용 등이 올린 3차례의 상소문과 제사지낼 후손을 세워달라고 문정주와 임기백 등이 올린 두 번의 상소 내용에서 보자면, 1401년에 세워진 사당은 '부조묘'였던 것이 거의 확실하다. 문정주를 대표로 해 제사지낼 후손을 세워달라고 올린 상소「입사손상언立祀孫上言」에서는 다음과 같이 말한다.

> 문익점이 우리 정종대왕定宗大王 때의 경진년 2월 8일에 사망하자, 단성에 예장禮葬할 것을 명하셨고, 태종대왕께서는 가정대부嘉靖大夫를 증하시고, 충선공忠宣公의 시호諡號를 하사하셨으며, 묘에다 제사를 지내게 하시고, 부조묘不祧廟를 건립하라고 명하시고는 전토 100결과 노비 70명을 하사하셨으며, 역대 어진 임금들께서 자주 포상을 내리신 것은 뚜렷이 상고할 수 있습니다.

여기에서 우리가 주목해야 할 부분은 다름 아닌, 비록 정부의 공식적인 기록에서는 확인되지 않지만, 임금에게 올린 상소문에서 태종의 명령으로 일찍이 부조묘가 건립되었음을 주장하고 있다는 점이다. 사실이 아닌 허위의 내용을 임금에게 올리는 상소문에 담는다는 것은 상상하기 어려운 것이다. 설사 그것이 사실이 아니라고 하더라도, 상소문을 올리는 사람은 그것이 사실임을 믿고 있었던 것이다. 그리고 다른 한편으로 정부에서도 이러한 사실을 일정부분 인정하고 있었음을 의미한다. 그렇게 보자면 1401년에 사당이 세워졌다면 그것은 '부조묘'이고, 이 사당은 '도천서원'과는 직접적인 관련성이 없다고 생각된다.

본래 산청 신안에 건립되었을 것으로 추정되는 문익점의 '부조묘'는 현재 전라남도 보성군 미력면 도개리(도개 2길 21)에 있다. 김보근金普根이 지은 「부조묘이안보성시고유문不祧廟移安寶城時告由文」의 내용이나, 위에서 말한 문정주와 임기백 등이 제사지낼 후손을 세워달라고 올린 상소에서 '부조묘'가 옮겨지는 과정을 보면, 처음 문익점의 종손이 5대만에 끊어지자 지파인 의성현감을 지낸 문세화가 이어서 제사를 받들었다. 그런데 문세화 역시 아들이 없어 봉산군수를 지낸 문선창이 그 뒤를 이어 제사를 지냈지만, 그 또한 후사를 두지 못한 것으로 보인다. 그 뒤 임진왜란을 지나며 사당이 무너진 후, 다시 문병렬을 종손으로 세워 문익점의 제사를 지내도록 해 줄 것을 청원한 2차례의 상소가 받아들여지면서, '부조묘'는 보성에 중건되었던 것이다.

이러한 과정에서 보자면 당시 '부조묘'는 국가에서 관리되었다기보다는 문중, 특히 종손과 밀접하게 연관되어 있었던 것으로 이해된다. 다시 말해서 '부조묘' 자체는 국가적인 기념사업의 일환임에 분명하지만, 그 제사는 문중을 중심으로 진행되면서 지역사회에서의 영향력은 크지 않았다고 볼 수도 있을 것이다. 반면에 조식이 「묘사기」에서 서술한 사당은 1401년에 세운 후 문중에서 관리하던 '부조묘'가 아니라, 도천서원의 전신이 되는 '도천사'라고 생각된다. 그의 "천순 5년(1461)에 도천에다 사당을 짓고 춘추로 제사를 올리게 되었는데, 이 또한 임금님이 특별히 명하여 고을 사람들이 그렇게 한 것이다"는 말에서 문중이 아니라

기념의 주체를 고을사람으로 설정하는 것은 주목할 부분이라고 생각된다. 그리고 이렇게 건립된 '도천사'가 100년이 지나면서 퇴락하자, 문익점의 외손인 이원의 주도하에 1561년(명종 16)에 다시 중건하였던 것이다. 그런데 박항태와 같은 사람은 1560년에 처음으로 '도천사'가 건립되었다고 말하기도 한다. 그 내용은 박항태가 대표로 올린 「도천서원청액소」에서 다음과 같이 확인된다.

태종대왕께서 그의 공덕을 미루어 칭송하시어, 그 고향에 포창하라 명하셨고, 벼슬을 내려주고 시호를 내리셨으며, 훈공을 기록하시고, 사당을 짓고 전토를 하사하셨습니다. 세종대왕께서는 그 품계를 더하도록 명하고, 으뜸의 공으로 올리셨으며, 봉작을 더 높이고, 묘소 앞에 제사를 지내게 하셨습니다. 세조대왕께서는 친히 글을 지어 묘소에 제사지내게 하시고, 사당에 딸린 토지를 늘려 주셨습니다. 아아! 보통이 아닌 공덕이 있으면, 반드시 보통이 아닌 보답이 있어야 하는 것이니, 역대 어진 임금님의 융성한 포창과 두터운 보답이 어떻게 노들 넘은 것이겠습니까? 일찍이 만력 연간의 경신년(1560)에 고을 안의 노인들과 도내의 유학생들이 한 목소리로 뜻을 같이하여, 경상도 감사에게 글로 호소하였고, 감사가 임금님께 아뢰게 되어, 단성의 도천 위에 사당을 창건하였습니다. 그곳은 문익점이 살며 덕을 닦았던 곳이었습니다.

여기에서는 도천사의 건립시기를 1560년으로 확정해 제시한다. 이 도천서원의 사액을 요청하는 상소 글에 한정해서 보자면, 사당은 1560년에 건립된 셈이다. 하지만 그렇다고 해서 이 「청액소」에서의 주장이 확실한 근거를 가지는 것도 아니라면, 앞에서 살펴본 여러 자료를 포함해 여러 글에 근거해 1561년이 아니라, 1461년으로 도천사의 건립연대를 설정하는 것이 크게 문제가 된다고 생각되지는 않는다. 그리고 1461년에 처음 건립한 후, 1561년에 다시 중건한 사당이 바로 '도천서원'의 전신인 '도천사'라고 이해하는 것은 가장 일반적인 시각이기도 하다.

2. 선양사업이 늦어진 까닭

앞에서 살펴본 것처럼, 비록 『삼우당문집三憂堂文集』에는 문익점이 생존하고 있을 때부터 그의 마을에 효자비를 세우는 등 그에 대한 선양사업이 시작되었다고 기록하고 있다. 그렇지만 정부의 공식적인 기록, 곧 『실록』에서 보자면, 그의 사후에 곧바로 국가적인 선양사업에 의해 사당이 세워지지는 않았고, 60여년 이라는 상당한 시간이 흐른 뒤에야 비로소 본격적인 선양사업이 시작되었다는 것을 알 수 있다. 그리고 문익점의 외손인 이원李源의 사례에서도 확인되듯, 문익점의 직계 후손들이 적극적으로 참여해 이와 같은 선양사업이 진행된 것이 아니라, 외손이나 지역 사림에 의해 주도적으로 진행되는 것도 주목되는 부분이다.

이렇게 선양사업이 늦어지고, 또 직계 후손들의 참여가 적극적이지 않았던 까닭은 다음과 같은 몇 가지 배경 속에서 이해할 수 있다. 무엇보다 그것은 문익점 본인의 정치적인 성향과 무관하지 않다고 생각된다. 그는 조선이 건립되는 과정에서 적극적인 역할을 수행하지 않았을 뿐만 아니라, 기본적으로는 새로운 나라를 세우는 전면적 개혁에 반대하는 입장에 서 있었다. 그리고 그의 이러한 태도는 조선 건국 후 그에 대한 평가가 우호적으로 진행되는데 걸림돌로 작용했을 것이라 짐작된다. 이와 같은 그의 태도에 대해 『고려사』에서는 다음과 같이 기록하고 있다.

문익점은 본래 유생으로 진주晉州의 궁벽한 산골에서 몸소 농사를 지었는데, 전하께서 현량賢良으로 뽑아 간의대부諫議大夫에 임명하여 좌우에서 자문에 응하도록 하였습니다. 진실로 충성스런 말을 올리고 치도治道를 제시하여 훌륭하게 다스리도록 보필하는 것이 당연한 직무입니다. 그런데도 우물쭈물하며 비굴하게 남의 비위나 맞추어 간쟁諫爭하는 절개가 없고, 오히려 몸을 굽실거리며 손을 묶은 듯이 남에게 순종만 하고 있습니다. 근래에 동사랑同舍郞 오사충과 이서가 각각 상소하여 시사를 잘 말하였으나, 문익점은 녹祿을 잃을까 걱정하여 한 마디도 말하지 않았습니다. 또 동사랑이 연명으로 상소하여 전제田制에 대해 논의하였는데, 문익점은 권세에 아부하여 병을 핑계하고 참여하지 않고서 스스로 잘한 계책이라고 여겼습니다. 이것은 위로 전하의 총명함에 누累를 끼치고, 아래로는 사림士林들의 기대를 저버리는 일입니다.

권세에 아부하는 인물, 위로 임금의 총명함을 가리고 아래로 사림의 기대를 저버리는 인물이라고 문익점을 비판한 이는 바로 급진적인 개혁론자이자 조선 건국의 핵심인물 가운데 한 사람인 조준이었다. 조준은 여기에서 두 가지, 곧 오사충과 이서가 상소하며 시사를 말하는 데 침묵하고 있다는 점, 그리고 전제田制에 대해 논하는 데 참여하지 않았다는 두 가지 사실을 지적하며 문익점을 비판하고 있다. 현실 비판적인 상소에 동조하지 않고 침묵하고 있다는 점과 토지제도를 개혁하기 위한 논의에 참여하지 않는 것이 주요 비판의 대상이 되었던 것이다.

이와 같은 비판에서 보자면 문익점의 정치적 노선은 분명 조선건국에 앞장섰던 인물들과 구별되며, 그것은 조선이 건국된 이후 그의 공적에 대한 평가에서 분명 부정적으로 작용했을 것이라 짐작할 수 있다. 조선 건국에 부정적이었다면, 최소한 조선이 건국된 초기에 그에 대한 평가가 충분히 소극적이거나 부정적일 수 있는 것이다.

다음으로 우리가 주목하는 것은 문익점 집안이 역모사건과 연관된 문제이다. 1406년(태종 6) 문익점의 동생인 문분하文岔夏의 둘째 아들 문가학文可學이 주도한 역모사건逆謀事件이 발생하고, 이것은 이후 그와 그의 후손들에게 깊이 영향을 끼쳤다고 생각된다. 문가학은 학문뿐만 아니라 방술에도 뛰어나 예문관직제학藝文館直提學 정이오鄭以吾의 천거로 조정에 발탁된 인물이었다. 한때 왕의 신임을 받던 그는 서운관書雲觀에서 근무하다 개성부유

후사開城府留後司로 좌천되자, 임빙任聘·김량金亮·김위일金威一·조방휘趙方輝·조한생曺漢生과 함께 고려의 부활을 내세우며 반란을 모의했다. 하지만 임빙의 밀고로 모의단계에서 발각되면서, 그는 처형되었고 가산은 몰수되고 말았다.

문가학의 역모사건과 관련해 『태종실록』에 기록된 내용 가운데 1406년 11월 15일의 기록과 한 달 뒤인 12월 15일의 기록을 살펴보면 그 주요 내용은 대체로 다음과 같다.

태종 6년 병술(1406) 11월 15일(신미) 요언을 퍼뜨린 문가학과 그 당여를 잡아 순금사의 옥에 가두다.

요인妖人 문가학文可學과 그 당여黨與를 체포하여 순금사巡禁司 옥옥獄에 가두었다. 참찬의정부사參贊議政府事 최유경崔有慶에게 명해 위관委官을 삼고, 겸 판의용순금사사判義勇巡禁司事 이숙번李叔蕃·윤저尹柢, 형조 판서 김희선金希善, 사헌 집의 최부崔府 등과 더불어 국문鞫問하게 하였다. 가학可學은 진주晉州 사람으로 대강 태일산법太一算法을 익혀 스스로 말하기를, "비가 내리고 볕이 날 낌새를 미리 안다."고 하여, 나라 사람들이 점점 이를 믿는 자가 있게 되었다. 임금이 불러 시험하고자 하여 서운관書雲觀의 벼슬에 임명했는데, 오랜 날이 지났어도 효험이 없어 그를 내쫓았다. 그가 개성 유후사開城留後司에 있으면서 어리석은 백성들을 거짓으로 달래며, 은밀히 생원生員 김천金藏에게 말하기를, "이제 불법佛法은 쇠잔衰殘하고 천문天文이 여러 번 변하였소. 내 신중경神衆

經을 읽어 신神이 들면, 귀신[鬼物]을 부릴 수 있고, 천병天兵과 신병神兵도 부르기 어렵지 아니하오. 만일 인병人兵을 얻는다면 큰일을 거사擧事할 수 있소."하니, 김천이 그럴듯하게 여기고 곧 전봉상시 주부奉常寺注簿 임빙任聘·생원生員 조방휘趙方輝·전 부정副正 조한생趙漢生·전 소윤少尹 김양金亮 등과 더불어 모두 그에게 붙어, 마침내 작란作亂을 꾸미었다. 임빙의 외조부[母舅] 부사직副司直 조곤趙昆이 그 음모를 알고 고告하여, 문가학과 그 무리들을 체포해서 국문鞫問하였다. 임금이 여러 신하에게 이르기를, "내 문가학文可學을 미친놈이라 여긴다. 천병天兵과 신병神兵을 제가 부를 수가 있다 하니, 미친놈의 말이 아니겠는가?"하니, 황희黃喜가 아뢰기를, "한 놈의 문가학은 미친놈이라 하겠으나, 그를 따른 자들이야 어찌 다 그렇겠습니까?"하였다. 임금이 국옥관鞫獄官에게 말하였다. "지금 문가학 때문에 무죄無罪한 사람이 갇힌 자도 많을 것이니, 빨리 분변分辨함이 옳겠다."

태종 6년 병술(1406) 12월 15일(경자) 반역죄를 범한 문가학 등 6명을 처형하다.

문가학文可學·임빙任聘·김양金亮·김천金藏·조방휘趙方輝·조한생趙漢生 등을 저재[市]에서 환형轘刑에 처하고, 문가학의 아들 젖먹이도 교형絞刑에 처하였다. 처음에 문가학 등이 역모逆謀할 때 약속하기를, "성사成事한 뒤에는 문가학을 추대하여 임금으로 삼고, 김천은 좌상左相이 되고, 임빙은 우상右相이 되고, 조방휘는 이상二相이 되고, 조한생은 서북면 도순문사西北面都巡問使가 된다."

하고, 밤에 보은사報恩寺 솔밭에 모여 여러 부처[諸佛]와 천신天神·지기地祇에게 고告했다. 그리고는 함께 문가학을 임금으로 추대하고, 임빙에게 교서敎書 두통[道]을 짓게 하였으며, 연철鉛鐵을 사다가 어인御印·의정부인議政府印·병조 포마인兵曹鋪馬印·봉사인奉使印 등 4개를 만들고, 조한생을 시켜 먼저 평양平壤으로 들어가 내응內應하도록 꾀하였다. 문가학 등이 모두 평양에 가고자 하여, 가학可學은 거짓 도체찰사都體察使라 칭하고, 김천은 도진무都鎭撫라 사칭詐稱하여, 12월 21일에 도순문사都巡問使를 죽이고 군사를 일으켜 난亂을 꾀하기로 하였다. 그러나 이미 계획을 하고도 임빙은 여전히 의심스럽게 생각하고, 그 계획을 조곤趙昆에게 문의했다. 조곤이 거짓으로 허락하는 체하고 마침내 자수하여, 옥사獄事가 이루어졌다. 문가학 등의 처자는 모두 연좌連坐되었으나, 임빙의 처자와 형제만은 용서를 받았는데, 그것은 그가 자수하였기 때문이었다.

이 사건으로 강성江城에 살고 있던 문씨 가문이 타격을 받을 수밖에 없었고, 문익점의 후손들도 직접적으로 화를 당하지는 않았지만 결국 다른 곳으로 이주할 수밖에 없었던 것으로 보인다. 앞서 1410년(태종 10) 사간원에서 문익점의 사당건립을 건의하였다는 사실에서 보자면, 이때 이미 역모사건과의 관련성이 일정 부분 정리된 것으로 볼 수도 있지만, 결국 의정부議政府의 논의에서 부결되었던 것은 여전히 이 사건으로부터 영향을 받고 있었음을 보여준다고 생각된다. 이 역모사건으로부터 문익점의 후손들이 완전히 자유로워지는 것은 사당의 건립이 재추진되었던 세조대라고 이해할 수 있을 것이다.

앞에서 살펴봤던 사당 건립을 주장했던 양성지의 상소문에서도 비록 문익점의 공적에 대한 장황한 설명이 있지만, 역모사건과 관련해서 보자면 다른 무엇보다 눈에 들어오는 부분은 바로 마지막 구절이기도 하다. 그 자손을 공신이라 부를 것과 함께 죄를 용서해 주고, 등용하라는 양성지의 말에는 여러 가지 의미를 읽을 수 있다. 곧 당시 문익점의 후손들은 공신의 후손으로 대접받지 못하고 있었고, 또 죄를 용서받지도 못하였으며, 그래서 등용되지도 못하는 상황에 처해 있었던 것이다. 이러한 측면에서 보자면, 문익점의 후손들에 대해 먼저 정치적 혹은 법적인 용서나 복권이 이루어지는 것이 필요하고, 그의 사당 건립은 그 다음의 순서가 될 수밖에 없었다고 이해된다.

이렇게 보자면, 1406년(태종 6)의 역모사건 이후 50년이 지난 1456년(세조 2)까지 조정에서뿐만 아니라 후손이나 사림들이 그를 기념하는 사업을 강력하게 진행할 수 있었다고 보기는 어려울 것이다. 그래서 그에게 태종대 '충선忠宣'의 시호諡號가 내려지고, 세종대 영의정領議政의 증직贈職과 '부민후富民侯'의 추봉이 이루어졌다는 『삼우당문집』의 기록보다는, 그것을 모두 세조대의 일로 기록하고 있는 『정조실록正祖實錄』의 기록이 상대적으로 더 신뢰할 만한 것이라고 생각된다. 아울러 이와 같은 선양사업은 양성지의 건의가 받아들여져 조정의 지원을 받아 사우祠宇를 건립하는 것과 하나의 흐름으로 연결되어 있는 것이다.

결국 문익점에 대한 선양사업은 강력한 문중이나 후손들에 의해 시작된 것이 아니었다. 당시 후손들에게는 그와 같은 사업을 추진할 정치적 혹은 경제적인 여력이 없었을 것이라 예상되기 때문이다. 따라서 세조 때에 이르러 문익점에 대한 선양사업이 시작될 수 있었던 것은, 성리학적 질서가 새롭게 재편되고 자리 잡으면서, 정부차원에서 그에 대한 관심이 부각되는 것에 힘입은 것이라고 이해된다.

아무튼 이렇게 정부의 지원으로 1461년에 건립된 사당이 바로 도천서원의 전신이라고 할 수 있는 '도천사'이지만, 건립 당시부터 이 사당을 '도천사'라고 불렀는지는 확인되지 않는다. 또한 비록 정부의 일정한 허가나 용인 하에 사당이 건립되었다고 하더라도, 그것이 사액의 형태인지 여부 역시 공적인 기록에서는 확인되지 않는다. 그것은 100년 뒤인 1561년에 중건된 후, 문익점의 외손인 이원이 벗이자 당시 경사우도지역 사림의 존경을 받고 있던 조식曹植(南冥, 1501~1572)에게 부탁하여 쓴 「묘사기廟祠記」에서도 마찬가지여서 사당의 이름은 거론되지 않는다.

3. 서원의 건립과 역사적 전개

하지만 1561년에 다시 세워진 사당은 불과 30여 년 뒤인 1592

년에 일어난 임진왜란에서 소실되고 말았다. 치열한 진주성 전투가 있었고, 그곳으로부터 멀지 않은 곳에 위치한 '도천사'가 임진왜란의 병화를 피하기란 쉽지 않았을 것이다. 그리고 전쟁이 끝나고도 한 참의 시간이 지난 1612년에서야 그렇게 소실되었던 '도천사'는 다시 세워졌고, 1672년에는 다시 현손인 문광서가 사는 곳으로 옮겨 세웠다. 근대의 단성에서 활동한 권창현의 「도천서원복설기」에는 그 과정을 이렇게 설명하고 있다.

충선공 삼우당 문선생은 옛 단성현의 배양에서 나고 자랐는데, 일찍이 현 동쪽 집현산 아래 오리동의 돌아가는 물과 넓은 들을 좋아하였다. 그래서 도천가에 별장을 지어 학문을 강론하는 장소로 삼아, 삼우당이라는 편액을 달았다. 시대가 점점 멀어져 빈 터가 된지 이미 오래 되어 세조 신사(1461)년에 사림의 요청으로 그 터에 사당을 세우도록 명하고 도천이라는 이름으로 사액하였다. 광해군 임자년(1612)에는 물난리가 있어서 조금 위쪽 1리 떨어진 곳으로 옮겨 세웠다. 선조 임진(1592)년에는 병란으로 불탔다. 그 뒤 임자년(1612)에 옛 별장 터에 다시 세웠다. 현종 임자(1672)년에는 선생의 현손 광서가 사는 곳으로 옮겨 세웠다. 정종 정미(1787)년에는 서원으로 사액을 받았다. 고종 신미(1871)년에는 서원철폐령으로 인해 터만 남게 되었고, 서원의 재산은 모두 향교로 넘어갔다. 그리고 향교의 협실에 흥학당이라는 편액을 걸어놓고 존모하는 마음을 표하는 장소로 삼았으나, 구차하고 협소해서 사림들이 한을 품은 지 오래되었다. 신묘(1891)년이 되어 사림들이 선생의 자손들과 상의하여 선생의 묘각과 사재

곁에 건물 하나를 짓고, 산 이름을 취하여 노산정사라고 편액을 붙였다. 그리고 매년 석채례釋菜禮를 거행하였다. 그러나 세월이 지나자 건물이 기울고 훼손될 수밖에 없었다. 임진(1952)년에 다시 세울 적에는 측면 5칸 정면 7칸으로 웅장하기가 비할 곳이 없었다. 작년 사람들과 선생의 후손들이 또 상의하여 말하였다. "나라 안에 훼철된 서원 중에 복원되지 않은 곳이 없는데, 유독 우리 도천서원만은 아직도 복원하지 못하였으니, 어떻게 우리 고을의 수치가 아니겠는가? 그러나 도천의 옛 터는 옮길 상황이 자주 일어났던 곳이니, 땅이 길하지 않은 것 같다. 차라리 노산정사의 뒤에 사당을 지어, 정사를 강당으로 사용하여, 옛 도천의 편액을 거는 것이 옳을 것이다." 곧 짓기 시작하여 몇 달이 지나자 공사가 끝났고 단장을 했다. 새로 나는 듯한 모양과 장엄한 자태는 모두들 발뒤꿈치를 들고 구경할 정도였다.

여기에서 권창현 역시 '도천사'는 1461년에 건립된 것으로 이해하고 있다. 그리고 왜란 때에 소실된 후, 1612년에 중건되고, 다시 1672년에 이건한 후, 1787년에 사액을 받지만, 1871년에 서원철폐령으로 훼철되는 과정을 간단하게 설명하고 있다. 그리고 그 뒤를 이어 다시 1891년에 노산정사를 건립하고, 1952에 노산정사를 다시 중건한 후, 그 뒷면에 사당을 짓는 과정을 모두 잘 기록하고 있다. 다만 내용에 있어서 착오가 있는 것은 "광해군 임자(1612)년에는 물난리가 있어서 조금 위쪽 1리 떨어진 곳으로 옮겨 세웠다"는 부분으로 수재를 근심해 이건한 것은 1612년이

아니라 1564년으로 명종 19년이다. 허권수교수가 쓴 「도천서원
이건기」에도 이 과정을 거의 동일하게 기록하고 있다.

임진왜란 이후 1612년에 다시 중건된 도천서원은 1787년이
되어서야 겨우 사액을 받을 수 있었다. 사액에는 175년이라는 긴
시간과 두 차례나 사액을 요청하는 상소를 올려야만 했다. 이렇
게 힘든 과정을 거치며 사액을 받았지만 다시 불과 84년 만인
1871년 도천서원은 서원철폐령으로 훼철되었다. 서원은 터만 남
게 되었고, 서원의 재산은 모두 향교에 귀속되면서, 향교의 터에
작은 재실을 지어 홍학당이라는 편액을 걸고 문익점을 기념하는
공간으로 삼을 수 있었다.

그리고 20년이 지난 1891년에는 '신안사재' 옆에 노산정사를
건립하여 매년 석채례를 거행할 수 있게 되었다. 이 노산정사를
건립하기 위해 지역 사림과 남평문씨 문중에서는 공론을 수렴하
면서, 관내에서 각 집마다 2전을 거둬들이는 방법을 수령에게 보
고하고 추인을 얻어가면서 추진하였는데, 이 모든 과정이 문서로
남아 있다.

1952년에는 다시 훼손된 노산정사를 중건하면서, 사당 건립을
의논하였지만, 1975년에서야 사당을 완공해 최종적으로 도천서
원을 복설하였다. 그리고 2013년에는 서원의 입구에 도천서원
묘정비를 건립하였다. 전체 도천서원의 건립과 역사적 전개과정
을 연대순으로 정리해 보면 다음과 같다.

1401년(태조 원년)	부조묘 건립
1461년(세조 7)	도천사 건립
1561년(명종 16)	이원李源의 주도로 도천사 중건
1563년(명종 18)	단성현감 안기安琪 효자비각 건립
1564년(명종 19)	수재가 근심되어 이건
1592년(선조 25)	임진왜란으로 소실
1612년(광해군 4)	중건, 「도천서원중수기」에서는 1620년으로 표기
1623년(광해군 15)	단성현감 이원길李元吉이 효자비각 중건
1672년(현종 13)	현손 문광서가 살던 곳으로 도천서원 이건
1787년(정조 11)	사액
1805년(순조 5)	도천서원 중수
1841년(헌종 7)	후손들이 효자비각 중건
1850년(철종 원년)	도천서원 수리
1854년(철종 5)	종손을 세워 부조묘不祧廟 제향을 계속하도록 함, 보성에 부조묘 중건
1871년(고종 8)	서원철폐령으로 도천서원 훼철
1888년(고종 25)	후손들이 효자비각 중건
1891년(고종 28)	노산정사 건립
1919년	노산정사 중수
1952년	노산정사 중건
1975년	삼우사 사당 건립
2013년	도천서원 묘정비 건립

4. 사액서원이 되기까지

그런데 이와 같은 도천서원의 전개과정에서 한 가지 의문이 떠오른다. 그것은 다름 아닌 문익점을 제향 하는 서원이 왜 그토록 늦게 사액될 수밖에 없었는가 하는 점이다. 국가적으로 큰 공적을 남기지 않은 인물을 제향 하는 서원도 사액을 받은 경우도 없지 않아 있었던 것이 사실이다. 그런데 도천서원의 경우에는 1612년에 중건된 이후 1787년에서야 겨우 사액되면서, 사액되는 데 175년이라는 긴 시간이 소요되었던 것이다. 특히 처음으로 사액을 요청하는 상소조차 왜 중건한 뒤 거의 90년이 지난 뒤인 1708년에서야 올리고, 또 다시 약 80년 뒤에서야 겨우 사액이 이루어지게 되었는지는 일반적인 상황에서 쉽게 이해하기 어려운 것이다. 이처럼 왜란이후 중건되면서 사액이 늦어진 이유와, 그 과정에서 등장한 여러 곡절들을 우리는 다음과 같은 측면에서 이해할 수 있다.

첫째는 이 지역에 기반을 두었던 남명학파의 정치적 몰락에 주목해 볼 수 있을 것이다. 임진왜란이 끝난 후, 전란 중 소실되었던 도천서원은 마침내 1612년에 중건될 수 있었다. 하지만 이때는 마침 진주와 산청, 함양 등을 기반으로 했던 남명학파가 중요한 정치적 고비를 맞고 있던 시기이기도 했다. 남명학파의 인물을 중심으로 구성된 정파인 대북파는 당시 확고한 권력을 손에 쥐기 위해 동분서주하고 있었다.

1608년에 즉위한 광해군은 왕권의 경쟁자인 형 임해군을 진도로 유배 보낸 후, 이듬해인 1609년에 살해하였다. 그리고 1613년(광해군 5) 계축옥사를 일으켜 이복동생 영창대군을 강화로 유배 보낸 후 죽이고, 인목왕후를 폐위시켜 서궁에 유폐하였다. 그리고 마침내 10년 뒤인 1623년에는 인조반정이 일어나 광해군은 폐위되고, 그 동안 정권을 잡았던 대북파 곧 남명학파는 몰락의 길을 걷게 되었다. 이러한 정치적 상황과 변화는 도천서원이 중건된 이후 곧이어 사액을 추진하기가 쉽지 않은 시대적 배경이 되었다고 이해할 수 있을 것이다.

둘째는 당시 현실 정치의 역학관계가 작용한 것이라 이해할 수도 있을 것이다. 도천서원이 사액을 위해 노력하기 시작한 것은 1708년(숙종 34)이다. 이때에 이르러 박항태朴恒泰를 중심으로 경상도의 유생 300여 명이 사액을 청원하는 상소를 올렸다. 사액되어야 하는 근거로 이들은 『고려사』의 「찬贊」 및 이황李滉의 「효자비각기孝子碑閣記」 그리고 송시열宋時烈(1607~1689)이 성리학을 수용하는 데 공을 세운 대표적 인물이 안향安珦과 문익점이며, 그의 공적은 목면 도입에 국한되지 않고 성리학을 밝힌 데 있다고 평가한 사실을 제시하며 사액을 통해 항구적 추숭追崇이 가능하도록 해줄 것을 요청했다.

이러한 사액을 청하는 상소에 대해 숙종은 선비들의 기운이 부진한 상황인데 사액이 이루어지지 않은 것을 개탄한다고 말하면서도 예조禮曹에서 논의하도록 지시했다. 그러나 당시 사액이 이루어지지 않은 것으로 보아 예조의 논의단계에서 부결되었던 것으로 보인다.

이때 도천서원이 사액되지 못한 것은 문익점의 공적이 제대로 평가되지 못하였기 때문이 아니라, 현실 정치의 역학관계가 더 근본적으로 작용했기 때문이라고 생각된다. 이 시기는 숙종 시대 여러 차례의 환국換局을 거치다가 서인 노론老論의 집권이 굳어지고 있던 때였다. 1694년(숙종 20) 갑술환국甲戌換局에서 남인의 척결에 강경한 입장을 보이면서 서인에서 소론과 분화한 노론 세력은 영남을 무대로 한 사림의 결속에 대해 민감한 반응을 보이고 있었던 것이다. 따라서 박항태 등이 청액소에서 아래와 같은 노론정권의 종장이던 송시열의 평가를 인용한 것도 그들의 부정적 태도를 완화하기 위한 목적을 가진다고 생각된다.

또 선정先正 신 문정공 송시열이 말한 것을 살펴보면, "문익점의 공덕이 우리나라에서 막대한 것은, 다만 목면의 이로움뿐만 아니라, 또한 우리 유도에도 공이 있었기 때문이다"라고 했습니다. 또 "문성공 안유와 충선공 문익점은 우리의 유도를 서로 계승하여 찬란하게 다시 세상에 밝혔으니, 정자와 주자가 이미 세상을 떠난 뒤에 그 학문을 전수 받아 체득한 사람들이다. 안과 문 두 분이 아니었다면, 우리나라는 아직까지도 비루한 오랑캐의 행실을 면하지 못했을 것이다"라고 했습니다.

셋째로 서원의 남설에 대한 비판과 서원정책의 변화에 주목할 필요가 있다. 1865년 만동묘萬東廟를 철폐하는 것에서 시작하여 1871년 전국에 47개만을 남기고 모든 서원을 훼철하는 것으로 마무리된 대원군의 서원철폐령 이전에, 조선의 서원정책은 이미 여러 차례 변화를 거쳤다. 그리고 그 과정에서 수 많은 서원들이 건립되었다가 훼철되고 또 다시 복설되는 복잡한 과정을 겪었다. 이처럼 조선 중후기의 서원 정책이 여러 차례 변화하고, 또 대원군이 대부분의 서원을 훼철할 수 있었던 명분은 서원과 사액서원의 숫자가 늘어남과 동시에 그에 비례해서 나타난 여러 폐단들이었다.

서원의 폐단, 곧 서원이 넓은 토지를 점유하고, 군역이나 부역을 피하는 소굴이 되는 등의 문제에 대해 처음으로 부정적인 의견을 제시한 인물은 첫 서원이 세워진지 100여년 만인 1644년(인조 22)에 경상감사로 있던 임담이었다. 그는 서원 제향자의 제향 조건이 일정하지 않은 것과, 양역의 폐단을 지적하며 서원건립을 국가에서 파악하여 조정해야 한다고 처음으로 주장하였다. 하지만 이때는 그의 주장이 수용될 만큼 서원의 폐단이 절실한 사회적 문제로 등장하기 이전이었다. 그 뒤 서원과 관련한 문제들이 점점 커지자 10여년 뒤인 1657년(효종 8년) 충청감사 서필원이 상소를 통해 서원의 설립을 국가에서 통제해야 한다고 주장하였다. 그리고 이것이 계기가 되어 서원 건립은 반드시 조정의 허가를 받도록 하였지만, 늘어나는 서원이나 사액서원의 숫자를 실질적으로 막거나 줄이지는 못하였다.

숙종 후반기에 이르러 동일 인물이 여러 서원에 제향되는 첩설을 금지함과 동시에, 다른 한편으로는 서원들을 심의하여 일부 서원의 훼철이 시도되었지만, 붕당정치 아래에서 그것은 주로 정치적 보복의 형식이 되어버림으로써 충분한 효과를 거두지는 못하였다. 그러다가 1741년(영조 17)에 마침내 허가 받지 않고 건립된 178개의 서원과 사우를 훼철하는데 성공하였으나, 이러한 서원정책은 정조대에 이르러 다시 상당히 완화되었고, 순조 대 이후에는 서원 건립에 사실상 아무런 제약을 가하지 않게 되었다. 이와 같은 상황에서 영조시기에 훼철되었던 서원과 사우의 상당수가 다시 복설되었는데, 이런 복잡한 서원의 전개사는 결국 대원군에 의해 전국 47개 서원만을 남기고 모두 훼철되는 것으로 마무리되었던 것이다.

이러한 서원정책의 변천사에서 보자면, 박항태가 사액을 청원하는 상소를 올린 1708년(숙종 34)은 한 인물이 여러 서원에 첩설되는 것을 금지하고, 서원들을 심의해서 훼철을 결정하던 시기였다. 또 그것은 대체로 당시 정권을 잡고 있던 노론에 의해 주도되었다. 다시 말해서 당시 노론세력은 남인의 정치적 기반이 확대되는 것을 경계하여 서원이 지나치게 많이 설립된다는 것을 핑계 삼아 특히 영남지역 서원·사우의 건립과 함께 건립된 서원의 사액을 막고 있었다. 따라서 도천서원의 사액은 정치적 역학관계 속에서 실패할 수밖에 없었던 것이다. 여기에 더해 1728년(영조 4)에 발생한 무신난戊申亂은 경상우도를 더욱 고립시키는 중요한 계기가 되었고, 도천서원의 사액을 받기위한 노력은 오랫동안 진전을 볼 수 없었다.

도천서원의 사액을 위한 노력이 결실을 보게 된 것은 남인계열에 대해 상대적으로 우호적이었던 정조가 즉위한 이후였다. 1785년(정조 9) 김상추金相樞를 비롯한 전라도유생 6백여 명이 먼저 장흥長興 월천사月川祠의 사액을 청원하고 나섰다. 월천사는 1644년(인조 22)에 건립된 사우로 문익점과 그의 8세손이자 이황李滉의 제자로 목사를 역임한 문위세文緯世(1534~1600)가 제향되어 있었다. 그들은 이 상소에서 문익점의 일관된 충절과 독실한 효성은 그의 깊은 학문에서 비롯된 것이라고 말한다. 충절 하나만으로도 그를 제향하는 서원이 사액을 받기에 충분한데, 여기에 더해 그는 성리학에 대해 깊은 이해까지 갖추고 있다는 사실을 부각해 강조하면서, 사액을 통해 국가적 차원에서의 제사를 지내는 것이 당연하다고 주장하였다.

이들이 사액을 요청하는 상소를 올리자 예조에서는 전라도 사림 전체의 공론을 반영했다는 사실과 함께 선현을 존숭하고 덕을 권장하는 도리에도 합당하다고 판단해 왕에게 사액을 건의하였다. 이에 따라 월천사에는 '강성사江城祠'라는 이름으로 사액이 이루어졌다. 이렇게 전라도 사림들에 의해 강성사의 사액이 이루어지자 그 2년 뒤에 경상도 사림들도 다시 경기·전라도의 사림들과 연대하여 도천서원의 사액을 추진하였다. 1780년(정조 11)에 이평복李平復을 중심으로 경기·경상·전라도에서 600여 명의 유생이 연대하여 사액을 청하는 상소를 올렸다. 이때 예조에서는 그의 도학道學과 절의 그리고 목면도입의 공은 동방의 모범이 되는 것이라며 도천서원의 사액을 긍정적으로 평가하여 왕의 허락을 얻게 되었다. 강성사와 도천서원의 잇따른 사액은 문익점의 목면 도입의 공로 외에, 학문적인 측면에서도 그의 위상을 강화하는 계기가 되었다.

5. 목면 도입의 공을 넘어서

이와 같은 사액의 과정에서 보자면, 문익점은 목면을 도입한 공적 외에 도학적 완성도와 충절로 대표되는 실천이 동시에 주목되었음을 알 수 있다. 문익점은 목면의 도입만으로 이미 충분한 사회적인 공적을 남겼다고 할 수 있다. 하지만 성리학의 나라 조선에서 그의 서원이 사액되고 충분한 평가를 받기 위해서는 성리학과 그를 연결시켜줄 더욱 단단한 이념적 연결고리가 필요했다고 판단된다. 그리고 사액과정에서 이것을 찾고 강화하기 위한 노력이 후대로 갈수록 강화되는 모습을 확인할 수 있다.

「묘사기」를 쓴 조식은 기문記文에서 이렇게 문익점을 평가한다.

신라와 고려 때 비록 설홍유와 최문헌공이 있어 학문을 일으킬 수 있었지만, 말기에 이르러서는 학문이 무너져 점차 쇠퇴하고, 학교가 무너져 세상 사람들이 모두 불교를 믿게 되었다. 그래서 성인의 학문이 우리 동쪽 나라에 전해졌던 것이 거의 다시 진작되지 못하게 되었다. 공은 홀로 이점에 대해 슬퍼하며, 학문에 힘써 뒤의 학자들의 돌아갈 길을 가르쳐 주었다.

이 내용에서 보자면, 문익점은 신라시대의 설총薛聰과 최충崔沖을 계승하여 고려 말 학문적 분위기를 쇄신한 대표적 인물 가운데 한 사람이다. 이밖에도 문익점의 외손인 이원은 효자비각孝子碑閣을 재건한 다음 이황李滉(退溪, 1501~157)에게 기문記文을 요청했는데, 이황 역시 그의 학문과 함께 정절을 높게 평가하면서, 조식과 유사한 견해를 제시했다. 당시 학문적으로 큰 영향력을 행사하고 있던 조식과 이황의 문익점에 대한 평가에서 그가 명종 말 훈구파 정권이 붕괴하면서 새롭게 정권을 잡아가는 사림파에게 단순히 목면을 도입해서 백성들의 삶을 편리하게 한 인물이 아닌, 성리학적 질서를 상징하는 인물로 이해되고 있었다는 것을 확인할 수 있다.

이와 같은 사실은 정여창鄭汝昌이 그의 행장行狀을 쓰고 조식曹植이 「목면화기木綿花記」를 저술한 것을 비롯해, 김시습金時習·김종직金宗直·김굉필金宏弼·조위曹偉·김안국金安國·김정국金正國 등 사림파의 선구들이 그를 찬양하는 여러 詩文을 남긴 것에서 예고되고 있었다. 그 가운데 몇 편을 살펴보면 다음과 같다.

매월당梅月堂 김시습金時習[1)]

해동의 밭에 목면 꽃이 피어나니,
해마다 농가에서는 옛 어진이를 칭송하네.
몰락한 후손들은 도리어 추위에 떨고 굶주리는데,
뿌리에 물을 주는 건 열매 먹으려는 건데 어찌 그런가?

매계梅溪 조위曺偉[2)]

충신 효자는 과연 어떠한가?
선생은 안 보고 꽃만 보는구나.
꽃은 목면화로 끊어지지 않나니,
조선 억만년토록 백성을 부유하게 만든 집안이라네.

율곡栗谷 이이李珥[3)]

신농은 백성들에게 밭가는 법 가르쳤고,
후직은 백성들에게 거두는 법을 가르쳤다네.
충선공은 우리 백성들에게 옷 입혔으니,
풍성한 공적은 이전보다 두 배나 된다네.

　전체적으로 보자면, 사림파의 선구자들이 문익점에 대해 호의적인 평가를 내렸을 뿐만 아니라, 그를 성리학의 전개사에서 중요한 위치에 자리 잡도록 했다는 점에서 그의 위상은 점차 높아

지고 확고해질 수밖에 없었다고 생각된다. 그의 위상 제고는 한편으로 역모사건에 연루되어 힘을 잃을 수밖에 없었던 후손들에게 중요한 활동의 기반을 제공했을 것이라 짐작된다.

또한 도천서원의 사액 이후 이어서 그를 문묘에 제향하기 위한 노력을 전개할 수 있었던 것 역시, 목면도입과 관련된 그의 업적 외에 도학에 있어서 그의 계보와 역할이 주목될 수 있었기 때문이다. 도천서원이 사액된 후, 문익점의 문묘 종사를 청원하는 상소가 4차례 올려졌다. 물론 최종적으로 실현되지는 못하였지만, 그의 위상이 그만큼 제고되었다는 것을 의미한다. 그리고 그의 위상 제고는 그가 성리학적 질서를 상징하는 인물로 이미지화 되는 것과 궤를 같이 했다. 그리고 의성義城의 봉강서원鳳岡書院, 전라도 장흥長興의 월천사月川祠(江城祠로 賜額)와 창평昌平의 운산서원雲山書院, 황해도 송화松禾의 일봉서원一峰書院 등 그의 위패와 영정을 봉안한 서원과 사우가 여러 지역에 건립되는 것도 이러한 시점과 무관할 수 없었다.

제3장

도천서원의 제향인물

앞에서 도천서원이 어떤 과정을 거치며 건립되고, 또 역사적으로 전개되어 왔는지를 살펴봤다면, 이제는 서원에서 제향 되고 있는 인물들을 살펴보자. 무엇보다 서원의 제향인물은 그 서원의 성격을 단적으로 드러내 보여준다. 서원에 대한 이해는 그 서원의 제향인물과 불가분의 관계를 가지기 때문이다. 도천서원에 대한 이해는 도천서원에 누가 제향 되고 있는지를 이해하는 것과 깊이 관련되어 있는 것이다.

현재 도천서원에 제향 되고 있는 인물은 문익점 한 사람이다. 물론 서원이 세워진 후 처음부터 오직 문익점 한 사람만이 제향 되었던 것은 아니다. 현재 도천서원에 제향 되지는 않지만, 문익점 외에 권도, 이원과 이광우 등이 모두 도천서원에 제향 되었던 사람들이다.

권도의 경우 도천서원이 서원이 사액되기 전, 곧 1672년부터 1788년까지 약 116년 동안 문익점과 함께 제향 되었다. 그리고 1787년 도천서원이 사액되고, 그 이듬해인 1788년 동계정사의 옛터에 완계서원을 건립하면서, 위판位版을 옮겨 갔다. 이원의 경우에는 본래 신안서원에서 제향되다가 임진왜란을 겪으며 서원이 소실된 후 중건되지 못하자, 도천서원에 조카인 이광우와 함께 제향되었다. 그 후 도천서원의 사액과 함께, 새로 배산서원을 건립되면서 두 사람의 위판 역시 옮기게 되었다.

안정복安鼎福의 『순암선생문집』 권20에 실려있는 「완계서원 동계권공봉안문浣溪書院東溪權公奉安文」에는 도천서원에서 완계 서원으로 권도의 위판을 옮기는 과정을 다음과 같이 비교적 완곡 하면서도 짧게 기술하고 있다.

유적이 남아 있는 곳에 보답하는 제사를 드리는 것이 예에도 합당하고, 도천서원道川書院에 배향한지 이미 거의 120년이 되었 습니다. 그런데 강성江城의 옛 사당에 사액賜額이 새롭게 걸리니 주객主客이 나누어져 서원을 별도로 세워야 마땅할 듯하고, 또 다시 세울 것을 허락하는 조정의 명이 있었습니다.

표현은 비록 완곡하지만, 그럼에도 불구하고 위판을 옮기는 과정이 그다지 자연스럽지 않았다는 의미는 충분히 드러나고 있 다. 120년 가까이 함께 제향 되었지만, 도천서원이 사액되면서 주객이나 위차 등에서 문제가 생겼던 것으로 짐작된다. 이 문제는 권도에게만 발생했던 것이 아니라, 이원과 이광우에게도 동일하게 적용되었는데, 생각하기에 따라서 이원과 이광우의 후손에게는 상당히 섭섭한 결과였을 것이라 짐작된다. 도천사나 효자비각 등이 설치되고, 서원이 사액되는 과정에서 외손들과 지역 사림의 역할은 결코 적은 것이 아니었기 때문이다.

아무튼 그 결과 문익점을 제외한 나머지 세 사람의 위패는 도천서원을 나와 새로 건립한 배산서원과 완계서원으로 옮겨 가게 되었다. 현재 문익점 외에 나머지 3인은 비록 도천서원에 제향되고 있지는 않지만, 이들을 포함해서 어떤 삶을 살았기에 한 때나마 함께 도천서원에 제향 되었는지 살펴볼 필요는 있을 것이다. 먼저 문익점의 삶부터 살펴보자.

1. 목면으로 세상을 바꾼 문익점

현재 도천서원에서 제향되고 있는 문익점은 남평문씨南平文氏로 진주 강성현江城縣 원당리 배양촌(지금의 산청군 단성면)에서 태어났다. 남평문씨는 금자광록대부 삼중대광보국 삼한벽상공신 남평개국백 문다성文多省을 시조로 하지만, 족보에서는 상서좌복야 문익文翼을 1세조로 하고 있다. 문익점은 보문관제학을 지낸 아버지 문숙선文淑宣과 어머니 함안 조씨 사이에서 태어난 네 형제 중 둘째였다. 『실록』에는 아들이 셋으로 기록되어 있지만, 첫째 부인인 이부상서吏部尙書 주경의 여식인 팔계군부인八溪郡夫人과 판사判事 정천익鄭天益의 여식인 둘째 부인, 이 두 부인으로부터 다섯 명의 아들을 두었는데, 중용中庸·중성中誠·중실中實·중진中晉·중계中啓가 그들이다.

문익점의 생애는 크게 3단계로 나누어 살펴보는 것이 그의 삶을 이해하는 데 도움이 될 것 같다. 그의 생평 70년은 성장/학업기 30년과 벼슬살이 30년 그리고 은퇴기 10년으로 구분할 수 있고, 이렇게 구분해서 그의 삶을 이해할 때 그 삶의 특징은 보다 분명하게 드러나기 때문이다.

성장/학업기

먼저 제1단계인 성장/학업기는 태어나서 30세 때 과거에 급제하기 이전까지의 기간을 가리킨다. 이 1단계에서 우리가 주목할 부분은 크게 두 가지 측면인데, 하나는 그의 생졸연대이고, 다른 하나는 그의 정치적 성향이나 학문적 특징을 이해할 수 있는 사승관계이다.

그의 생몰연대가 주목되는 것은, 이것이 문헌에 따라 상이하게 기록되어 있기 때문이다. 『삼우당문집』의 「가전」이나 「연보年譜」에는 1331년(충혜왕 원년)에 출생하여 조선이 건국된 후 1400년(정종 2) 2월 8일에 사망한 것으로 기록되어 있다. 반면

사진 7 도천서원과 문익점의 묘소. 하단의 3번국도와 도천서원,
　　　그리고 사진의 우측 숲 속 문익점의 묘소 위치를 확인할 수 있다.

사진 8 문익점의 묘소

『태조실록』의 기록에 근거해 보자면, 1328년(충숙왕 15)에 태어
난 것으로 추산된다. 문익점의 사망기사라고 할 수 있는『태조실
록』에 실린 그의「졸기」를 살펴보면 다음과 같다.

전 좌사의대부左司議大夫 문익점文益漸이 졸卒하였다. 익점益
漸은 진주晉州 강성현江城縣 사람이다. 아버지 문숙선文淑宣은 과
거科擧에 올랐으나 벼슬하지 않았다. 익점은 가업家業을 계승하
여 글을 읽어 공민왕 경자년 과거에 올라 김해부사록金海府司錄
에 임명되었으며, 계묘년에 순유박사諄諭博士로 좌정언左正言에

승진되었다. 계품사計稟使인 좌시중左侍中 이공수李公遂의 서장관
書狀官이 되어 원元나라 조정에 갔다가, 돌아오려고 할 때에 길가
의 목면木縣 나무를 보고 그 씨 10여 개를 따서 주머니에 넣어
가져왔다. 갑진년에 진주晉州에 도착하여 그 씨앗의 반을 본고을
사람이자 전객령典客令 벼슬을 한 정천익鄭天益에게 심어 기르게
하였더니, 오직 한 개만이 살게 되었다. 천익天益이 가을이 되어
씨를 따니 백여 개나 되었다. 해마다 더 심어서 정미년 봄에 이
르러서는 그 종자를 나누어 향리鄕里에 주면서 심어 기르도록 권
장하였다. 익점 자신이 심은 것은 모두 꽃이 피지 않았다. 중국
의 중 홍원弘願이 천익의 집에 와 목면木縣을 보고는 너무 기뻐
울면서 말하였다. "오늘 다시 본토本土의 물건을 볼 줄은 생각하
지 못했습니다." 천익은 그를 머물게 하여 몇 일 동안을 대접한
후에 실 뽑고 베 짜는 기술을 물으니, 홍원이 상세하게 자세히
설명해 주고 또 기구까지 만들어 주었다. 천익이 그 집 여종에게
가르쳐 베를 짜 1필을 만들고, 이웃 마을에 전하여 서로 배워 알
아서 한 고을에 보급되고, 10년이 되지 않아서 또 한 나라에 보
급되었다. 이 사실이 알려지니 홍무洪武 을묘년에 익점을 불러
전의주부典儀注簿로 삼았는데, 벼슬이 여러 번 승진하여 좌사의
대부左司議大夫에 이르렀다가 졸卒하니, 나이 70세였다. 본국의
조정에 이르러 의논한 말에 따라 참지의정부사 예문관제학 동지
춘추관사 강성군參知議政府事藝文館提學同知春秋館事江城君으로 증
직贈職하였다. 아들은 세 사람이니 문중용文中庸·문중실文中實·
문중계文中啓이다.

이 「졸기」는 1397년(태조 7) 6월 13일자 기록이며, 이때 문익

점은 70세였다. 그리고 1401년(태종 원년) 3월 권근權近이 문익점의 맏아들 문중용文中庸에게 벼슬을 내릴 것을 요청하는 상소에서 중용이 아버지의 상을 당하자 3년 동안 시묘를 했다고 말한다. 만약 그가 「가전」의 기록처럼 1400년에 사망했다면, 1401년에 3년의 시묘를 마쳤다고 말할 수는 없을 것이다. 이러한 기록들에 근거해 그의 사망과 출생 시기를 계산해 보면 1328년(충숙왕 15)에 태어나 1397년에 사망한 것으로 이해할 수 있는 것이다.

이밖에 그의 사망연도에 대해서는 제3의 시각도 확인된다. 1772년(영조 48)에 이미李彌가 찬한 「신도비명神道碑銘」과 1785년(정조 9)에 황경원黃景源이 찬한 「묘지명墓誌銘」에서 그의 사망연대는 1383년(우왕 9)으로 파악하고 있다. 이 기록들에 의거하면 영·정조 시대까지 그의 사망 연도는 1383년(우왕 9)으로 알려져 있었다고 생각되지만, 사실과는 가장 거리가 있는 정보라고 생각된다. 그리고 『삼우당문집』의 「연보」는 순조純祖 8년(1808)에 남평문씨 문중에서 족보를 발간하는 과정에서 새롭게 「가전家傳」에 의거해 작성되었는데, 이점에서 보자면 그의 사망연대를 정종 2년(1400)으로 보는 것 역시 비교적 후대에 와서야 자리 잡은 시각이라고 이해할 수 있다.

이처럼 문익점의 생몰연도는 『삼우당문집』의 기록과 『태조실록』의 기사 사이에 3년의 차이를 보이고 있다. 그리고 『태조실록』의 기록으로부터 유추되는 1328년에 태어나 1397에 사망한 것이 가장 신뢰도가 높은 정보라고 생각된다. 하지만 『삼우당문집』의

「연보」에 근거를 두고 1331년(충혜왕 원년) 2월 8일을 그의 출생 시기로 보는 것이 오늘날의 일반적인 시각이기도 하다. 그래서 이 책에서도 가장 풍부한 내용과 함께 현재 가장 널리 인정되고 있는 일반적인 시각인『삼우당문집』, 곧「가전家傳」과「연보」의 시각에 따라 1331년에 태어나 1400년에 사망한 것으로 정리해 새로운 논란이나 혼란을 피하고자 한다.

둘째로 그의 제1단계 성장/학업기에서 주목되는 부분은 12세 때부터 이곡李穀의 문하에 들어가 수학하였다는 점이다. 이곡은 이색李穡의 부친이자 당대 최고의 성리학자이기도 했다. 그리고 이곡과 이색으로 이어지는 학문적 흐름과 함께 이들과 중요한 연결고리가 만들어졌다는 점에서 문익점이 훗날 어떤 정치적 색채를 보여주게 될 것인지도 그 관계 속에서 드러나고 있는 것이다.

조선이 건국되는 과정에서 그가 왜 급진개혁파의 진영에 참여하지 않았는지, 왜 급진개혁파가 진행했던 토지제도 개혁에 미온적인 태도를 보여 주었는지는 이미 그의 학문적 뿌리에서 확인되고 있는 것이다. 또한 뒷날 문익점을 평가하면서 그의 공로를 단순히 목면을 도입한 것에 한정하지 않고, 그가 고려말기 성리학이 자리 잡는데 중요한 역할을 수행한 것으로 이해되는 근거를 바로 여기에서 확인할 수 있는 것이다.

벼슬살이

제2단계인 벼슬살이 시기는 30세에 과거에 급제한 후부터 시작해 60세인 1390년(공양왕 2) 마지막으로 좌사의대부左司議大夫 우문관제학右文館提學 동지경연사同知經筵事에 임명되었다가 11월 관직에서 물러날 때까지의 기간이다. 이 시기에 주목해야 하는 부분 역시 크게 두 가지다. 하나는 그가 역임했던 관직들이고, 다른 하나는 그의 일생에서 가장 중요한 사건이라고 할 수 있는 사신으로 원나라에 가서 목면씨앗을 구해오는 과정이다.

문익점은 30세인 1360년에 동당시東堂試에 급제하여 관직에 올랐다. 『태조실록』의 「졸기」에서 확인되는 그가 역임했던 관직에는 1360년의 김해부사록金海府司錄, 1363년의 순유박사와 좌정언左正言, 1375년의 전의주부典儀主簿, 좌사의대부 등이 있다.

하지만 「가전」에서는 『태조실록』에서 확인되지 않는 다음과 같은 여러 관직에 오른 것으로 기록되어 있다. 1361년(공민왕 10)에 예문관직강藝文館直講, 1362년(공민왕 11)에 승봉랑承奉郞에 제수되었고, 1367년(공민왕 16)에 중현대부예문관제학겸지제교中顯大夫藝文館提學兼知製教, 이듬해에 중현대부예문관제학겸성균관사성中顯大夫藝文館提學兼成均館司成에 제수되었으며, 다시 1373년(공민왕 22)에 중현대부좌대언우문관제학겸지제교에 임명되었다가 그 해 겨울에 다시 청도군수清道郡守로 임명되었다. 1388년(창왕 1)에는 좌사의대부우문관제학서연동지사左司議大夫右文관제학서연동지사에 제수되고, 1390년(공양왕 2)에 좌사의대부우고나관제학겸성균관사성左司議大夫右文관제學兼成均館大司成으로 제수되었다고 기록되어 있다.

반면에 『태조실록』 「졸기」에서 나타나는 1360년(공민왕 9)에 김해부사록金海府司錄, 1363년(공민왕 12)에 순유박사諄諭博士, 1375년(우왕 1)에 전의주부典儀主簿 등을 「가전」에서는 기록하고 있지 않는다. 그런데 각 벼슬의 품계에 있어서 더 늦은 나이에 임명된 관직이 더 낮은 경우가 있어서 쉽게 납득하기 어려운 측면이 없지 않지만, 대체로 정3품의 좌사의대부가 문익점이 올랐던 가장 높은 관직이었던 것은 분명하다. 무엇보다 「졸기」에 그의 관직이나 경력 모두를 찾아 기록할 필요도 없었을 것이라 생각되는데, 일단 「가전」의 기록과 차이가 있다는 점은 이해할 필요가 있을 것이다.

다음으로 사신으로 원나라에 가서 목면씨앗을 구해오는 과정, 곧 원나라로 사신을 갔을 때 그의 행적도 주목할 부분이다. 이점에 대해서도 「가전」이나 「연보」와 『태조실록』의 기록은 분명한 차이를 보여준다. 『태조실록』이나 「연보」에서 원나라로 사신 간 시기를 1633년(공민왕 12)으로 기록하고 있는 것은 동일하지만, 『태조실록』에는 그 이듬해인 1634년(공민왕 13)에 귀국하였다고 기록되어 있는 반면, 「연보」 등의 다른 자료에서는 1366년에서야 귀국한 것으로 기록되어 있다. 사신으로 원나라에 간 시기를 이황李滉이 찬한 「효자비각기」를 비롯하여 1772년(영조 48)에 이미李彌가 찬한 「신도비명神道碑銘」과 1785년(정조 9)에 황경원黃景源이 찬한 「묘지명墓誌銘」에서는 1634년(공민왕 13) 갑진년甲辰年으로 기술하고 있다. 이처럼 자료에 따라 그의 사행시기와 귀국시기 그리고 역할에서 약간의 차이를 보이고 있다.

이러한 양상은 문익점의 사행이 당시 고려 조정의 복잡한 정세와 맞물려 있었기 때문이라고 생각된다. 『고려사』에 따르면 문익점이 원나라로 사신으로 가게 된 것은 덕흥군德興君 옹립 사건과 관련되어 있다. 이것은 원나라에서 공민왕을 폐하고 덕흥군을 왕위에 옹립하려 했던 것으로, 1362년(원나라 순제 22) 12월에 일어난 일이었다. 그리고 이 사건을 계기로 1363년(공민왕 12) 3월과 4월에 연이어 사신이 파견되었는데, 3월에 파견된 사신은 이공수를 대표로 하였고, 4월에 파견된 사신은 밀직사密直司 홍순洪淳과 동지밀직사사同知密直司事 이수림李壽林 등으로 구성되었다. 『태조실록』의 내용에서 보자면 문익점은 3월에 파견된 좌시중 이공수의 서장관으로 원나라에 들어간 것으로 보인다. 그러나 「가전」에서는 문익점이 계묘년에 서장관으로 원에 갔지만, 어느 사행단에 소속되었는지가 분명하지 않으며, 원에 가게 된 사정과 배경을 설명하는 내용에서 보자면 마치 홍순 등의 사행단으로 원에 들어간 것처럼 설명하고 있다.

아무튼 그렇게 원나라로 들어간 문익점의 귀국 시기는 자료에 따라 약 3년의 차이를 보인다. 먼저 『고려사』에서는 "원나라에 사신으로 갔다가 덕흥군이 패배하니 본국으로 돌아 왔다."고 짧게 기록하고 있을 뿐이다. 『태조실록』에서는 비교적 자세하게 "계묘년에 순유박사로 좌정언左正言으로 승진하였다. 계품사計稟使인 좌시중左侍中 이공수李公遂의 서장관書狀官이 되어 원나라 조정에 갔다가, 돌아오려고 할 때에 길가의 목면 나무를 보고 그 씨 10여 개를 따서 주머니에 넣어 가져왔다. 갑진년甲辰年에 진주에 도착하였다."고 기록되어 있다. 이와 같은 정보에 따르면 그는 1363년(공민왕 12) 계묘년에 원나라에 들어갔다가 이듬해인 공민왕 13년(1364) 갑진년에 귀국한 것이다.

그런데 「가전」의 기록에서는 1367년(공민왕 16) 정미년丁未年에 귀국한 것으로 기록한다. 체류기간의 행적도 상세하게 전하고 있는데, 그는 원에 도착하여 예부시랑이란 관직에 제수되었고, 이후 덕흥군으로부터 회유를 받았다. 그러자 그는 "하늘에는 두 개의 태양이 없고 백성에게 두 사람의 군주가 없다."는 말로 그 회유를 거절하였다. 이후 그는 42일 동안 구류를 겪었고 원나라 황제의 명령을 거역한 죄로 1363년(계묘년) 11월에 월남과 가까운 운남의 교지交趾로 유배를 떠나게 되었다. 그리고 그 유배지에 도착한 것이 이듬해(1364) 2월이었고. 병오년(1366) 9월에 유배가 풀릴 때까지 그곳에서 생활하였다.

덕흥군
고려 제26대 충선왕忠宣王의 셋째 아들로, 이름은 왕혜王譓(몽골식 이름 타스티무르[塔思帖木兒])이다. 한 때 중이 되었다가 1351년(충정왕 3) 원元나라에 건너갔는데, 1356년(공민왕 5) 공민왕이 반원개혁反元改革을 진행하면서 기철奇轍·노책盧頙·권겸權謙 등을 처형하였다. 이 사건이 일어나자 당시 고려를 배반하고 원나라에 가 있던 최유崔濡 등이 기철의 누이 기황후奇皇后에게 무고하면서, 덕흥군은 원나라 순제順帝의 제2황후였던 기황후奇皇后와 최유崔濡·김용金鏞 등과 공모하여 연경燕京에 있는 고려인들을 관리로 임명하면서, 고려의 왕으로 책봉되었다. 그 이듬해인 1364년(공민왕 13) 요양성遼陽省의 군대 1만 명을 이끌고 최유와 함께 고려에 침입하여 평북 의주義州를 점령하며 남하하였지만, 최영崔瑩과 이성계李成桂 등에 패하여 원나라로 되돌아갔다. 곧바로 원나라에서 장형杖刑에 처해졌으며, 고려의 요구에 따라 고려로 소환되려 하였지만 등창으로 보류되기도 하였다. 끝내 고려로 압송되지는 않았지만, 결국 군君의 작위도 삭탈당한 후 유배되었고, 그 유배지에서 사망한 것으로 알려져 있다.

귀양살이 중에는 달성귀達成貴라는 사람과 만나면서 운남雲南 지방의 풍물을 익혀『운남풍토집雲南風土集』이라는 책을 쓰기도 하였다. 그리고 마침내 그는 유배가 풀려 돌아오는 길에 목면을 보게 되고, 그곳에서 목면씨앗을 얻을 수 있었다. 다음해(1367) 정월에 연경에 도착하자 원나라의 황제는 그를 다시 예부시랑禮部侍郎 어사대부御史大夫에 임명하였지만, 사임을 청하고 귀국길에 올라 2월에 개성에 도착한 것으로 기록되어 있는 것이다.

이처럼 「가전」이나 「연보」에는 원나라로 사신으로 갔다가 3년 동안 운남의 교지로 유배가서 생활했고, 그 유배에서 풀려 돌아오는 길에 목면 씨앗을 구한 것으로 기록하고 있다. 하지만 근래에 와서 그의 3년간 유배생활에 대해 의문을 제기하고, 유배생활을 하지 않고 갑진년(1364)에 귀국하였다는 『태조실록』의 기록을 보다 신뢰할만한 것으로 인정한다.

『태조실록』의 기록이 가장 오래된 것이자 공적인 기록일 뿐만 아니라, 목면 씨앗은 당시에 이미 북경에서도 구할 수 있어서, 굳이 운남이나 강남까지 갈 이유가 없었기 때문이다. 당시 하북성의 연경(현재의 북경) 근처까지 이미 목면 재배가 성행하고 있었다. 이점에서 보자면, 굳이 목면 씨앗을 운남이나 강남지역에서 얻어야 할 필요가 없었으며, 문익점은 당시 연경 인근에서 목면 씨앗을 쉽게 구할 수 있었을 것이라 추측할 수 있는 것이다.

이렇게 사신으로 원나라에 다녀오면서 구하게 된 목면 씨앗은 이후 문익점 개인의 운명뿐만 아니라, 조선의 경제와 문화에 깊은 영향을 끼치게 되었다. 목면 씨앗을 얻게 되는 과정과 그것을 국내로 반입해서 키워내는 과정에 대해 「가전」에서는 다음과 같이 자세하게 설명하고 있다.

　그리고 선생은 원나라 수도로 출발했다. 도중에 발 가운데에 꽃이 하얀 눈처럼 피어 있는 것을 보고 매우 기이하게 여겼다. 따라 다니던 김용金龍에게 그 꽃을 따게 하자, 갑자기 한 노파가 나타나 다급한 소리로 소리쳤다. "당신은 어느 나라 사람인데 엄하게 금지하는 이것을 따는 것입니까? 만약 관청에서 알게 되면 당신이나 나나 다 같이 벌을 받게 됩니다." 그리고는 재빨리 와서 빼앗다가 선생의 위엄 있는 풍모를 보고는 자신도 모르게 넋을 잃고 말하였다. "이것은 목면화木棉花로 나라에서는 법으로 매우 엄하게 금하기 때문에 다른 나라에서는 이것 이 있는 줄을 알지 못합니다. 어른께서 이것이 욕심난다면 몰래 감춰서 수색 당하지 않게 하십시오." 선생은 그때 '목면화 꽃이 금강錦江(중국 사천성의 강)의 서쪽에 피었네[木棉花發錦江西]'라는 옛 시 구절을 가만히 생각하고서 바로 이것이라는 것을 알았다. 붓대롱 속에 숨겨 가지고 왔다⋯⋯ 선생은 목면의 씨를 화단에 심었는데, 토질이 마땅치 않을까 염려가 되어 결국은 건조한 땅과 습한 땅에 나누어 심고 온갖 방법으로 마음을 써서 키웠다. 그러나 아직 재배 기술을 완전히 깨우치지 못했기에 처음에는 번성했다가도 뒤에는 시들어 버리고 말았다. 다만 한 그루가 살아 남았던 것이 3년이 되자 번창해서, 그 꽃받침은 다섯 가지 빛깔을 갖추고 꽃의 털은 하얀 눈과 같았다. 원근의 사람들이 다투어 찾아와 즐겨 구경하였는데, 그 사람들이 각각 씨를 얻다가 심으니 목면은 한 마을로부터 한나라에 두루 퍼져, 그 이로움을 넓혀 나갔다. 그러나 다만 목면을 실제로 이용할 기계를 알지 못해서 사람들이 손으로 그 씨를 제거하였다. 마침 원나라의 장蔣씨 성을 가진 승려가 우리나라의 산천이 기이하고 대단하다는 것을 듣고 동쪽으로 와서 유랑하다가 영남嶺南에 이르렀다. 그는 외국의 물산物産을 모르는 것이 없는 사람이었다. 그가 목면화를 보고는 놀라 말하였다. "이것은 남쪽 땅의 산물이지 동쪽 땅에서는 나는 것이 아닌데, 어떻게 이곳에 이렇게 번성해 있는 것인가?" 그는 선생의 장인인 정천익鄭天翼 공의 집에 유숙하면서, 씨를 빼는 수레를 만들어 공개하여 보였다. 그 후에 선생의 손자인 문래文萊가 실 뽑는 수레를 만들었고, 문영文英은 무명베 짜는 방법을 마련했다. 그래서 뒷사람들은 실을 뽑는 기구를 문래(물래)라 부르고,

배를 짜서 한 필이 된 것을 문영(무명)이라고 하여 드디어 우리나라의 말로 표현하게 되었다.

문익점이 목면 씨앗을 붓대롱 속에 숨겨 반입하는 일화는 유명하다. 그런데 만약 앞에서 지적한 것처럼, 문익점의 운남 유배가 사실이 아니라면, 여기에서 자세하게 설명되고 있는 목면 씨앗을 얻게 되는 과정에 대한 설명 역시 사실일 수 없을 것이다. 그런데 이것이 사실이 아니라면 이와 같은 이야기는 왜 생산된 것일까? 그것은 무엇보다 그의 업적 홍보에서 보다 극적인 효과를 얻기 위해 구성된 이야기라고 이해할 수 있을 것 같다. 그리고 여기 「가전」에서는 충분히 언급되고 있지 않지만, 실제로 목면을 재배하는 데 성공한 사람은 문익점의 장인인 정천익인 것으로 알려져 있다.

원나라에서 귀국한 뒤 오래되지 않은 39세에 문익점은 부친상을 당하였고, 이어 46세에는 모친상을 당하였는데, 모두 시묘살이를 하며 효를 실천한 것으로 전한다. 또 이것은 53세 때인 1383년(우왕 9) 이성계의 추천으로 나라에서 효자비를 세우게 되는 계기가 되었다고 전해진다. 불과 10여 년 뒤에 새로운 나라를 세우는 이성계가 추천하여 효자비를 세우고, 또 그 오 년 전에도 이성계가 직접 산청으로 문익점을 찾아 만나는 것은 어떻게든 새로운 나라를 세우는 과정에서 문익점을 회유하기 위한 노력으로 이해된다.

하지만 59세 때인 1389년(공양왕 원년) 조준의 탄핵으로 파직되어 귀향하였고, 또 이듬해인 60세에 그의 마지막 벼슬인 좌사의대부에 임명되었지만 11월에 물러나 귀향하면서 그의 벼슬살이도 마침내 끝나게 되었다.

은퇴기

마지막 은퇴기는 60세에 좌사의대부에서 물러나 귀향한 후 70세에 사망할 때까지 약 10년의 기간이다. 그가 귀향한지 2년 만인 62세에 정몽주가 살해되었다는 소식을 접하게 되었는데, 그 순간을 「연보」에서는 이렇게 기록하고 있다.

> 포은이 순국했다는 것을 듣고 하늘을 우러러 "하늘이 망치니 어떻게 하겠는가? 하늘이 망치니 어떻게 하겠는가?"라고 말하며 통곡하였다. 마침내 자리에 누워 거동을 하지 않았다. 이 때에 몇일 동안 땅에 엎드려 호곡하고서는 세상을 마칠 때까지 문을 닫아걸고 다시는 손님을 만나지 않았다.

정몽주는 문익점이 30세에 과거에 급제할 때, 함께 급제했던 인연이 있다. 그 이전 23세 때의 향시에는 이색과 함께 합격하기도 했다. 이처럼 그는 조선을 건국하는데 참여하지 않았을 뿐만 아니라, 조선이 건국된 후에는 더 이상 벼슬에 오르지 않으면서 고려에 대한 절의를 지켰다. 이러한 그의 태도나 모습은 절의를 지킨 충신으로 평가받는 토대가 되기도 하였다.

전체적으로 보자면, 정몽주나 이색과 같은 성리학의 전개과정에서 핵심적인 역할을 수행했던 인물들과의 교분을 기초로, 군왕에 대한 충절과 부모에 대한 효도 등 성리학적 이념을 실천하는 모습과 함께 목면씨앗을 도입하여 백성들의 삶을 윤택하게 한 공로라는 두 가지 측면에서 문익점의 모습이 그려진다.

문익점의 연보

앞에서 지적한 것처럼 비록 『태조실록』에서 추산되는 생졸연대와 차이를 보여주지만, 『삼우당실기』의 「연보」에 근거해 문익점의 삶과 행적을 일목요연하게 정리해 보면 다음과 같다.

1세 1331년(충혜왕 원년)
  2월 8일 강성현 원당리 배양마을에서 태어남
3세 1333년(충숙왕 재등극 2)
  이름을 '익첨益瞻'이라 지음
8세 1338년(충숙왕 재등극 7)
  학문을 배우기 시작함
12세 1342년(충혜왕 재등극 3)
  한주韓州(충청도 한산)에서 이곡李穀에게 학문을 배움
13세 1343년(고려 충혜왕 재등극 4)
  한주에 머물다 겨울에 귀가함
14세 1344년(충혜왕 재등극 5)

3월 부친과 함께 백마산을 오름

15세 1345년(충목왕 원년)

벽계산 아래의 별장에서 독서함

16세 1346년(충목왕 2)

팔계八溪 주씨周氏를 부인으로 맞음, 이곡의 아들 이색이
방문함

20세 1350년(충정왕 2)

국학의 경덕재에 입학함

21세 1351년(충정왕 3)

이곡의 죽음에 문상함

23세 1353년(공민왕 2)

정동성의 향시에 합격함

28세 1358년(공민왕 7)

이색과 함께 백마산성에 오름

30세 1360년(공민왕 9)

동당시에서 제7등으로 급제

31세 1361년(공민왕 10)

예문관 직강에 임명됨

33세 1363년(공민왕 12)

사간원 좌정언에 임명됨, 사신으로 원나라로 간 후,
예부시랑에 임명됨, 덕흥군을 따르라 명령했지만 따르지
않아 옥에 갇혔다가 11월에 교지로 귀양을 감

34세 1364년(공민왕 13)

3월에 귀양지에 도착함

35세 1365년(공민왕 14)

달성귀라는 학자가 찾아 옴

36세 1366년(공민왕 15)

사면되어 연경으로 돌아 온 후, 다시 예부시랑에 임명됨

37세 1367년(공민왕 16)

고려로 귀국하여 중현대부 예문관 제학에 임명되고
지제교를 겸함, 겨울에 성균관 학관에 선임됨

38세 1368년(공민왕 17)

성균관 사성을 겸함

39세 1369년(공민왕 18)

가을 부친상을 당함

43세 1373년(공민왕 22)

성균관 대사성에 임명되었으나 병으로 취임하지 못함

45세 1375년(우왕 원년)

중현대부 좌대언과 우문관 제학에 임명되고 지제교를 겸
함, 겨울에 청도군수로 부임함, 부임길에 이색을 방문함

46세 1376년(우왕 2)

가을에 모친상을 당함

47세 1377년(우왕 3)

왜구가 침입하였다가, 묘소를 지키는 것을 보고 '효자를
해치지 말라'고 표시하고 떠남

48세 1378년(우왕 4)

이성계가 방문하여 위로함

53세 1383년(우왕 9)

이성계의 추천으로 나라에서 효자비를 세우고, 가을에
삼우당이 완공됨

55세 1385년(우왕 11)

　　장남 문중용과 차남 문중성이 문과에 급제함

58세 1388년(창왕 원년)

　　좌사의대부 우문관 제학과 동지서연사에 임명됨

59세 1389년(공양왕 원년)

　　조준의 탄핵으로 파직되어 귀향함

60세 1390년(공양왕 2)

　　좌사의대부 우문관 제학 동지경연사에 임명됨,

　　11월에 관직에서 물러남

64세 1394년(태조 3)

　　조정의 부름에 병을 핑계로 응하지 않음

69세 1399년(정종 원년)

　　예조에서 낭관을 보내 문병함

70세 1400년(정종 2)

　　2월 8일 집에서 생을 마감하고, 강성현 북쪽의 갈로개산

　　언덕에 장사지냄

2. 조식·이황과 벗으로 사귄 이원

한때 도천서원에 제향되었던 이원李源은 처음부터 도천서원에
제향 되었던 것은 아니다. 그가 세상을 떠난 후, 그의 위패가 처
음 봉안되어 제향 되었던 곳은 1589년(선조 22) 2월에 건립된 신
안서원新安書院이었다. 하지만 곧이어 일어난 임진왜란으로 서원

은 무너져 남은 것이 없었다. 그의 조카 이광우가 수리를 시작하였지만 끝내지 못하고, 1702년(숙종 28)에 도천서원道川書院에 위패位牌를 봉안奉安하면서, 그 때 그의 조카인 이광우도 함께 배향되었다. 그 뒤 1787년에 도천서원이 사액된 후, 그 이듬해인 1788년(정종 12)에 배산서원을 건립하였고, 최종적으로 1792년(정종 15)에 배산서원의 사당인 덕연사에 위패를 모셨다. 하지만 대원군의 서원철폐령에 훼철되었다가 1919년에 다시 복설하면서 사당의 이름을 도동사道東祠로 바꾸고 이원과 이광우 외에 현재는 조식과 이황의 위패까지 봉안하고 있다.

이원의 자는 군호君浩이고, 본관은 합천 이씨李氏이다. 합천 이씨는 신라 알천양산촌閼川楊山村의 촌장 알평謁平의 39세 후손으로 알려져 있는 합천호장陜川戶長 이개李開를 시조로 한다. 이원의 10대조는 경분景芬으로, 금자광록대부金紫光祿大夫 상서좌복야尙書左僕射를 지냈다. 고조는 양근壤根으로, 군수郡守를 지냈고, 증조는 동재棟材로, 문과에 급제하여 봉사奉事를 지냈다. 조부는 계통季通으로, 부호군副護軍을 지냈고, 부친은 승문承文으로, 참봉參奉을 지냈다. 조모는 문씨로 문익점의 증손녀였고, 어머니는 이씨李氏로, 판서判書를 지낸 이소봉李少鳳의 후손 이석신李碩臣의 여식이다. 1501년(연산군 7)에 단성丹城 배양리培養里에서 태어났다.

그는 조식·이황과 같은 해에 태어난 동갑이었다. 이들이 언제 처음 서로 만나게 되었는지는 확인하기 어렵지만, 이황의 경우

사진 9 배산서원 전경

처가인 의령에 왕래할 때, 이원과의 만남이 있었을 것이라 짐작
된다. 조식은 서로 거주하는 곳이 멀지 않은 만큼 만나는 데 큰
어려움은 없었을 것이라 생각된다. 아들 광곤光坤과 조카 광우光
友를 조식에게 보내 경전을 배우게 하였고, 도산서원陶山書院의
이황에게 보내 문안하도록 했다.

　37세 때 집 한 채를 지어 연못을 파고 연꽃을 심은 후, '청향
정사淸香精舍'라 편액扁額하고, 집은 '구사재九思齋'라 불렀다. 1546
에 천거되어 곤양훈도昆陽訓導에 제수되었다가, 곧 주부主簿에 제
수되었다. 1561년에는 외선조 문익점文益漸의 사당과 비각碑閣을

사진 10 배산서원 도동사 전경

세웠다. 배양리培養里는 본래 고려 때 판서를 지낸 주세후周世侯의 터전이었다. 문익점의 첫째 부인이 주씨로, 문익점은 처가의 터전을 물려받았지만, 문가학의 역모사건으로 문씨는 사방으로 흩어질 수밖에 없었다. 이원의 조모 문씨文氏는 문익점의 증손녀로, 이원의 부친인 이승문이 어머니를 모시고 합천에서 배양리로 옮겨 와, 문익점의 묘소와 사당을 보살폈다. 그 문씨의 손자인 이원은 고을 사람들과 의논하여, 사우祠宇를 증축하고 비각을 세워 비석을 보호하였다. 그리고 조식과 이황에게 각각 「묘사기墓祠記」와 「효자비각기문孝子碑閣記文」을 지어 줄 것을 부탁하였다. 현재 이황의 「효자비각기문」은 전체 내용이 전해오고, 조식의 「묘사기」는 일부 내용만 남아 전해지고 있다. 1569년에 병으로 여러 달 누워 있다가, 9월 16일 임종하였는데, 향년 69세였다. 부인은 의춘宜春 이씨李氏였고, 아들 하나를 두었으니, 광곤光坤이다.

어떤 사람을 만나고 사귀는지는 사람을 평가하고 판단할 때 중요한 근거가 된다. 그런데 이원의 경우에는 당시 이미 영남 최고의 학자였던 조식·이황과 같은 해에 태어나 교재를 나누고 사귈 수 있었으니, 그보다 더 큰 행운도 없었을 것이다. 하지만 그 본인의 그릇이 크지 않았다면 어떻게 당시 최고의 학자들과 사귈 수 있었겠는가? 그래서 이광정은 「행장」에서 이렇게 그를 평가하고 있는 것이다.

선생의 천성은 본래 스스로 탁월하여, 효도와 우애는 가정에서 드러났고 신의信義는 벗들 사이에 드러났으니, 그 근본이 견고하게 이미 확립된 것이다. 선善을 즐기고 허심탄회하게 받아들이는 도량과 견고하게 확립되어 변치 않는 지조는 또한 남들이 따라갈 수 없는 점이 있었다.

3. 대나무처럼 속되지 않은 이광우

이광우李光友는 이원의 조카이자 제자였다. 앞에서 살펴봤듯 이원은 처음 신안서원에 제향 되었지만, 왜란을 거치며 서원이

사진 11 배산서원 도동사 현판

사진 12 배산서원 현판

무너진 후 제향될 곳이 없었는데, 1702년 도천서원에 위패를 모시면서 이광정의 위패도 함께 봉안되어 제향되었다. 그 뒤 1787년에 도천서원이 사액된 후, 이원과 마찬가지로 그 이듬해인 1788년(정종 12)에 배산서원을 건립하면서, 그의 위패 역시 1792년(정종 15)에 배산서원의 사당인 덕연사에 봉안하였지만, 훼철되는 곡절을 겪은 후, 1919년 복설된 배산서원의 도동사에 제향되고 있다.

이광우의 자字는 화보和甫이고, 호號는 죽각竹閣이며, 본관은 이원과 마찬가지로 합천陜川이다. 부친은 잠潛으로, 참봉을 지냈고, 어머니는 성산이씨星山李氏로, 조선조 개국공신 흥안군興安君 이제李濟의 4대손인 이계유李繼裕의 여식이다. 1529년(중종 24) 단성丹城 배양리培養里에서 태어났다.

10세 때 백부 이원에게 『소학小學』을 배웠는데, 가르침을 어긴 적이 없었던 것으로 전한다. 22세에 이원의 명으로 종형從兄인 광곤光坤과 함께 조식의 문하에 입문하였다. 이때 조식의 문하에는 정구·김우옹·이정·노진·오건·강익·하항·최영경·서사원·박이장 등과 같은 뛰어난 인물들이 많았고, 이광우는 이들과 깊이 교류할 수 있었다. 또 효자비의 비각碑閣을 중수한 후, 그 기문記文을 청하는 일로 이원과 함께 이황을 방문하기도 하였다.

백부 이원이 별세하자 부모상을 당한 것처럼 애통해 했고, 조식이 사망한 후에는 심상 3년복을 입었다. 1576년 덕천에 조식의 사우를 세우는데 참여하였고, 1597년 정유재란에는 달성達成 서

사원의 집으로 피난하였다가 1601년에야 고향으로 돌아왔다. 동문인 진극경·이정·하징과 함께 덕천서원德川書院을 중수하였고, 뒤에 정인홍이 인목대비를 폐위시키려 하자 관계를 끊었다. 1615년에는 세운지 50여 년이 지난 효자비각을 다시 중수重修하기도 하였다.

1619년 6월에 병으로 누웠다가 23일에 갑자기 별세하였다. 그는 아들 하나를 두었으나 일찍 죽었고, 딸은 셋을 두었으니, 하광국河光國·양우적梁禹迹·전유룡田有龍이 그 사위들이다. 별세한 뒤, 동생 광효光孝가 둘째 아들 유瑜에게 그의 뒤를 잇게 하였다.

이광우의 삶이 어떤 것이었는지 다음과 같은 두 가지 측면에서 잘 드러난다고 생각된다. 하나는 그의 집에 '죽각竹閣'이라 현판을 달고, 늘 소동파蘇東坡의 '대나무가 없으면 사람을 속되게 한다.[無竹令人俗]'는 시구를 읊조리는 모습이다. 대나무와 같은 곧은 절개와 함께 속되지 않은 고귀함이 그려진다.

다른 하나는 외손인 하홍도의 회상이다. 그는 이렇게 말한다. "외조부께서는 비록 난리亂離를 만나 달아나 숨는 때나, 늙고 병들어 쇠약해진 뒤에도, 세속의 부귀영화에 담박하였다." 어려움에 처하고, 몸도 마음도 약해질 때 비로소 그 사람의 진면목이 드러나는 법이다. 난리를 만나 달아나고 숨는 때보다 더 어려울 때가 있을까? 늙고 병들어 쇠약해질 때보다 더 몸과 마음이 약해질 때가 있을까? 이럴 때에 보여주는 모습이 진정한 그의 모습이다. 속되지 않은 담박함, 이것이 그를 제향하며 우리가 배워야만

사진 13 완계서원 전경

하는 삶의 모습이기도 할 것이다.

4. 빙상 같고 지주 같은 권도

도천서원에 제향되었던 마지막 인물은 권도權濤이다. 권도權
濤는 1644년(인조 22) 8월 27일 향년 70세로 임종하였는데, 그
28년 뒤인 1672년에 도천서원道川書院에 향사되었다. 그러다가
1787년 도천서원이 사액되자, 그 이듬해인 1788년 새로 완계서

원을 건립하면서 116년 동안 향사되던 도천서원으로부터 위패를 옮겨 제향 하였다.

권도의 자字는 정보靜甫이고, 호는 동계東溪이며, 시호는 충강忠康이다. 안동安東이 본관으로 부친은 사포서별좌司圃署別坐를 지낸 권세춘權世春이고, 모친은 상산김씨商山金氏로 김담金湛의 딸이다. 그는 1575년(선조 8) 6월 12일 단성현丹城縣 단계리丹溪里에서 태어났다. 그의 5대조인 권계우權繼祐가 단성에 사는 윤변尹忭의 딸 무송茂松 윤씨尹氏에게 장가들면서 안동 권씨가 단성현에 살게 되었다.

1584년(선조 17) 10세 때에 단성현丹城縣의 송암리松巖里에 거주하던 송암松巖 이노李魯를 스승으로 모시면서 본격적인 학문을 시작했지만, 그 학문적 사승은 28세 때에 처음 만난 정구와 38세에 만나 주역을 배운 장현광으로 이어진다. 38세의 늦은 나이에 과거에 급제하게 되는데, 그것은 18세 때에 임진왜란이 일어난지 오래지 않아, 의병으로 곽재우 휘하에 참전했던 부친이 병사한 후, 충청도 회덕과 성주 석전촌 등을 떠돌 수밖에 없었던 상황과 관련된다. 그 과정에서 학업을 계속하기란 쉽지 않았을 것이기 때문이다. 26세 때인 1600년(선조 33)에서야 겨우 다시 고향인 단성으로 돌아올 수 있었고, 이때부터 그는 공부를 본격적으로 시작할 수 있었을 것으로 보인다. 그 2년 뒤인 28세 때에 정구를 만나고 38세 때에는 장현광을 만나는 것도 학문을 하는 주요한 계기가 되었을 것이다.

사진 14 완계서원 경덕사 전경

38세에 과거에 급제한 후 42세인 1616년(광해군 8) 여름 성균
관成均館 학유學諭에 임명되었으나 나가지 않고, 단성에 동계정사
東溪精舍를 짓고 스스로 '동계병은東溪病隱'이라 자호하며 독서와
수양에 전념하였다. 그가 본격적으로 벼슬길에 오른 것은 인조반
정 이후였다. 1623년(인조 1) 승정원주서에 제수되었고, 그 이듬
해인 1624년(인조 2) 이괄李适의 난 때 왕을 공주까지 호종扈從한
공으로 원종훈原從勳이 되어 성균관전적에 제수되었다. 1625년에
는 홍문관부수찬에 제수되었고, 1628년 영사원종공신寧社原從功
臣 1등에 책록되었다. 1632년 인조의 부친인 원종에 대한 지나친

추숭追崇을 반대한 일로 해남으로 유배되었다가, 그 이듬해에 풀려나기도 하였다.

62세인 1636년(인조 14) 12월 병자호란이 일어나자 남한산성으로 달려갔으나 길이 막혀 관찰사 심연沈演의 진영에 머물면서 군무를 도왔다. 이듬해 2월 홍문관응욕지제수겸경연시강부춘추관편수관弘文館應欲知製數兼經筵侍講富春秋館編修官에 제수되었다. 이후에도 여러 관직을 섭렵하다가 66세 때인 1640년(인조 18) 10월 사간원司諫院 대사간大司諫에 제수되었지만, 이시만李時萬이 탄핵상소를 올리자 사직하고 귀향하였다. 그리고 4년 뒤인 1644년(인조 22) 8월 27일 동계정사東溪精舍에서 향년 70세로 세상을 떠났다.

그의 삶은 몇 가지 특징을 보여준다. 무엇보다 그는 임진왜란과 병자호란의 큰 전쟁과 함께 인조반정과 이괄의 난 등 정치적 혼란기를 직접 경험하며 그 속에서도 흔들리지 않는 삶의 모습을 보여주었다는 점이다. 안정복의 『순암선생문집』권20에 실려 있는 「축문祝文, 완계서원동계권공봉안문浣溪書院東溪權公奉安文」에서는 권도가 보여준 이 모습을 이렇게 정리하고 있다.

과거에 합격하여 장차 큰일을 할 것처럼 보였으나, 혼란한 시대를 만나 (아래에 네 글자 원문 빠짐) 간사한 무리들이 나라의 권력을 잡아 기염을 토하자, 강우江右(경상우도)의 일대가 한결같이 붙어 복종하였으나 홀로 서서 두려워하지 않고 노적老賊이

라는 말로 지목하였으니, 늠름하기가 빙상氷霜과 같고 우뚝하기
가 지주砥柱와 같았는바, 이로 말미암아 충심을 다하는 사람들이
그릇된 길로 들어서지 않을 수 있었습니다.

광해군시절 집권하였던 대북파는 바로 정인홍을 중심으로 한
남명학파가 핵심 구성원이기도 했다. 그런 까닭에 남명학파의 중
심 활동지였던 경상우도는 이 대북파의 주요한 지역적 기반이기
도 했다. 그런데 이 같은 대북파 일색의 지역적 기반에서 권도가
당당하게 보여준 비판적 태도를 보자면, 그가 어떤 사람인지가
드러난다. 아울러 인조반정 이후에서야 비로소 벼슬길에 올라,
인조반정이후 정치적 기반을 상실한 경상우도 사림의 지주 역할
을 수행한 것으로도 그의 위치와 의의를 확인할 수 있다.

제4장

서원의 건축물

    서원의 역사와 제향인물에 대한 이야기를 거쳐 이제 서원을 구성하고 있는 건축물을 살펴볼 차례가 되었다. 서원의 건축물 역시 서원을 이해하는 주요한 토대가 되기 때문이다. 하지만 앞에서 살펴본 것처럼, 도천서원은 처음 사당의 모습인 도천사로 건립된 후, 몇 차례의 중건과 이건의 과정을 반복하였다. 그리고 대원군의 서원철폐령에 의해 서원은 훼철되었다가 노산정사를 건립하면서 서원의 토대를 만들었고, 다시 그 정사 뒤에 사당을 건립하면서 1975년에 비로소 완전히 복설되었다. 이처럼 도천서원의 역사적 전개는 마치 엉킨 실타래처럼 복잡하게 전개되어 왔다. 1766년에 박사회가 쓴 다음과 같은 「단성건원기丹城建院記」에서도 이미 이와 같은 과정을 충분히 읽어낼 수 있다.

서원書院을 세운 연대와 자리는 세대가 멀고, 여러 번 전쟁을 겪었으므로, 자세히 알 수가 없다. 옛 노인들 사이에 전해 오는 바로는 정덕正德 연간(1506~1521)에 단성丹城 고을에 벽계서원碧溪書院이 있었다고 하나 기록이 없어 고증하기가 어렵다. [이것은 본래 영당影堂이었는데 후세에 서원이 된 것 같다.] 선생의 후손 문희석文熙碩이 기록한 것을 가지고 고찰해 보면, 선생의 서원은 함양咸陽의 벽계碧溪에 있었다. 또 문윤명文允明이 임금님께 올린 글을 고찰해 보면, 그 가운데, "선생의 행장行狀이 함양 벽계서원碧溪書院에 있었습니다"라는 구절이 있는데, 그 말은 과연 흘러 전해오는 말과 부합한다. 그러나 이제 함양의 산수山水를 고찰해 보면, 벽계碧溪라 이름 부르는 곳이 없다. 다만 함양 고을의 다스리는 지역이 조금 달라졌기 때문에, 이곳 단성 고을이 옛날 함양군에 속했기에 그렇게 말한 것이 아닐까? 단성 고을에는 벽계산碧溪山이 있고, 또 이곳 단성 고을에는 옛날부터 지금까지 뛰어난 현인賢人이 없었고, 오직 선생만 계셨으므로 옛날에 반드시 사당祠堂이 있었을 것이다. 선생의 서원이 단성 고을 벽계碧溪에 있었던 것 같지만, 상세한 증거가 없어서 이제 감히 바로 지정하지 못한다. 그렇지만 선생은 큰 현인賢人으로 역대 여러 거룩한 임금님들의 학문을 숭상하는 시대를 거쳤는데, 유독 서원이 없었다는 것은 있을 수 없는 일 같다. 옛날에는 비록 아는 이가 있었을지라도, 이제 와서는 아는 사람이 없다. 증명할 글이 없으니, 어찌 애석하지 않으랴? 가정嘉靖 43년 갑자(1564)년에 고을의 선비들이 글을 올려 도천道川의 위에 다시 서원을 세웠으나, 임진왜란壬辰倭亂 때 전화戰火로 불탔다. 난리가 평정된 만력萬曆 48년 경신년(1620)에 고을의 어른들이 관찰사觀察使에게 하소연하니, 도내의 선비들이 사전에 도모하지 않고서도 뜻이 서로 같아 옛 터에 다시 지었다. 그 자리는 지금 서원 터의 동쪽 산기슭이다. 지형이 경사져서 서원이 오래도록 온전하게 있기 어려울 듯했다. 그래서 천계天啓 이후 52년 임자壬子(1672)년에, 지금 서 있는 사당의 터로 옮겨지었다. 서원 건립의 유래에 관계된 옛날 책은 불에 타 없어지고 남아있지 않다. 다만 고을 어른들이 올린 글의 기록에 따라, 가정嘉靖 연간 이후의 연대와 터를 자세히 밝힌 내용을 서술하여, 차후에 옛날 일을 널리 아는 군자君子가 나오기를 기다릴 따름이다. 승정崇禎 이후 세 번째 병술丙戌(1766)년 월 일에, 고을의 후학後學 박사회朴士徽는 기문記文을 짓는다.

이와 같은 박사회의 기문 내용은 앞에서 살펴본 도천서원의 전개사에서 확인되는 연도와 약간의 차이를 보여준다. 그런데 우리가 주목하는 것은 첫마디로, 도천서원의 건립연도나 이건연도가 아니라, 이 글이 지어졌을 때, 이미 도천서원이 언제 어디에 처음 건립되었는지 고증하기 어려운 상황이었음을 고백하고 있다는 사실이다. 확실하게 확인되는 서원의 건립연도는 1564년이고, 이렇게 건립된 서원이 임진왜란을 거치며 소실 된 뒤, 1620년에 서원이 소실되었던 터에 다시 중건하였고, 1672년에는 다시 서쪽으로 옮겨지었다. 그리고 이렇게 지은 서원조차도 대원군의 서원철폐령에 따라 훼철되었고, 그렇게 훼철된지 20년 만인 1891년 신안사재 옆에 '노산정사'를 세웠다. 다시 1975년에 이 정사 뒤에 사당을 세우고 문익점을 제향하면서 도천서원을 복설하였던 것이다.

이와 같은 복잡한 역사적 전개사에서 보자면, 현재 우리가 마주하고 있는 도천서원의 평면 구성이나 건물의 모습은 모두 근현대의 산물이고, 도천서원의 본래 모습과는 거리가 멀 수밖에 없을 것이다. 지금 현재의 도천서원은 본래 서원의 전체 규모나 위치를 확정한 후 건축을 시작했던 것도 아니었다. 권상적이 쓴「노산정사창건기」의 관련 내용을 살펴보면 흥미로운 이야기를 확인할 수 있다.

아아! 우리 선생은 우리나라의 올바른 학문의 으뜸이면서 만세에 전할 특별한 공훈을 겸하셨다. 돌아보건대 향사하던 도천서원도 마땅히 다른 훈공이 있는 분을 모시는 사당과 함께 영원히 전해져야 할 것이다. 그런데도 결국 근년에 어지러이 철폐 당하는 서원에 끼게 되었다. 대개 먼 시골 사람들의 천박한 심정을 임금님께 전달할 겨를을 갖지 못했기 때문일 것이다. 그래서 도천서원의 남은 재료를 주어모아 향교의 터 밑을 빌려 약간의 서까래를 얽어매어서 임시로 '흥학재興學齋'라고 이름을 붙였다. 십수 년이 지나 서재를 이곳에 옮겨놓고 선생의 묘각과 서로 바꾸어 새롭게 해서, 지금은 '신안사재'와 한 곳에 있게 되었는데 진실로 우연한 것이 아니다…… 변함없이 그대로 있는 자연만이 우리 선비들이 귀의할 곳이다. 하물며 이 지방의 이름난 산들은 대성산에 근원을 두고 뻗어 나왔고, 강으로는 신안강을 베개처럼 베고 있으니, 그 기이한 만남이 남쪽 지방의 지형을 이루고 있다.

정사는 남쪽을 향한 5칸인데, 오른편에는 '앙지헌仰止軒', 왼편에
는 '학이재學而齋'라는 편액을 달았다.

권상적의 기록에 따르면 대원군의 서원철폐령에 따라 서원이
훼철된 후, 처음에는 훼철된 건물의 재료를 가지고 향교 밑에 흥
학재라는 재실을 지어 사용하였다. 그리고 십여 년이 지난 뒤에
이 서재를 다시 신안사재 옆으로 옮겨와서 노산정사라 부르게 되
는 과정을 설명하고 있는 것이다. 이와 같은 여러 사실을 전제해
야만 현재 도천서원의 평면 구성과 건물의 위치와 관련된 불필요
한 오해나 잘못된 해석을 줄일 수 있는 것이다.

1. 양덕문과 진입 공간

일반적으로 서원의 공간은 진입공간과 강학공간 그리고 제향
공간으로 구분된다. 특히 강학공간과 제향공간 가운데 어떤 측면
이 더 강조되고 있는지에 따라 그 서원의 성격이 분명하게 드러
나기도 한다. 곧 강학공간이 강조되고 특화된 서원은 제향기능
보다는 강학에 무게 중심을 둔 서원이고, 반대로 강학공간이 축
소되거나 생략된 반면 제향 공간이 강조된 서원의 경우는 그 만
큼 제향기능이 강조되었다고 이해할 수 있을 것이다.

그런데 도천서원이 과거에 어떤 성격의 서원이었는지를 현재

의 도천서원 평면 구성에서 확인하고자 한다면, 그것은 잘못된 시도라는 것이 앞의 논의에서 충분히 확인되었다고 생각된다. 아마도 도천서원의 전신이라고 할 수 있는 도천사의 건립에서 보자면, 도천서원의 성격은 분명 강학중심 서원이라기보다는 제향기능을 중심으로 하는 서원이었다고 생각된다. 그런데 현재 도천서원의 평면구성에서 보자면, 이러한 본래 도천서원의 기본적인 특징이나 성격은 충분하게 드러나지 않고, 오히려 강학기능을 중심으로 하는 서원과 구별되지 않는다. 다시 말해서 도천서원은 본래의 특징이나 모습과 무관하게 현재는 가장 전형적인 강학중심 서원의 형태를 보여주고 있을 뿐이다.

현재 도천서원에서 진입공간에 해당하는 부분은 서원 입구의 홍살문과 외문이다. 홍살문은 홍전문紅箭門이라고도 부른다. 이 문은 서원의 영역이 시작된다는 것을 상징적으로 보여주는 것일 뿐, 실질적인 문의 역할을 수행하지는 않는다. 홍살문은 통로 좌우에 기둥을 세워 연결하고 화살 모양의 나무를 박아 붉은색을 칠했는데, 보통은 그 옆이나 앞에 하마비下馬碑가 위치해 있다. 실질적으로 사람의 출입을 막는 어떤 효과도 거둘 수 없는 문이지만, 그것은 일종의 경계표시이자, 경고문으로 이해된다. 다시 말해서 경건하고 신성한 공간이 시작된다는 것을 고지하고 아무나 함부로 안으로 들어오지 말 것을 경고하고 있는 것이다. 그래서 홍살문은 궁전宮殿이나 왕의 무덤인 능陵, 공자를 모신 문묘文廟나 향교, 정부에서 인정한 사액서원賜額書院 등의 입구에 세울

사진 15 도천서원의 홍살문

수 있었다. 도천서원의 입구에도 이 홍살문이 세워져 있다.

　이 홍살문을 지나면 서원의 실질적인 출입구라고 할 수 있는 외문을 만나게 된다. 일반적으로 서원으로 들어가는 입구인 외문은 보통 세 개의 문으로 구성된 삼문의 모습이다. 그래서 이 문을 보통 외삼문外三門이라 부른다. 그리고 외삼문일 경우 가운데 문이 높은 솟을삼문 형태이거나 또는 같은 높이의 문인 평삼문平三門 형태를 보인다. 이 세 개의 문 가운데 출입하는 문은 좌우 양쪽에 있는 문이고, 중앙의 문은 일반적인 경우 출입의 용도로 사용하지는 않는다. 남계서원처럼 2층 누각이 있는 경우에는 1층

의 공간이 외삼문을 겸하기도 한다. 그런데 도천서원의 외문은 삼문의 형태가 아닌 일반적인 하나의 문으로 구성된 솟을 대문의 모습이다. 이것은 1892년 노산정사가 세워진 후에 다시 사당이 건립되면서 서원의 모습을 완성하게 된 것에서 그 연유를 유추해 볼 수 있을 것 같다.

그리고 대문의 처마에는 '양덕문養德門'이라는 현판이 걸려있는데, 전통사회에서 서원의 역할을 단적으로 보여주는 이름이라고 생각된다. 사실상 현대의 교육이 '지식' 중심의 교육이라면, 전통사회의 교육은 바로 '덕을 기르는 것'을 목표로 했다. 넓은 의미에서 보자면, 교육기관인 서원에 사당을 설치하고 덕 있는

사람을 제향 하는 것도 바로 그 사람을 모범으로 삼아 자신의 덕
을 기르기 위한 목적을 가졌던 것이다.

2. 시경당과 강학 공간

양덕문을 들어서면 이제 본격적으로 강학공간이 펼쳐진다. 정
면에는 서원의 중심 건물인 강당이 자리 잡고 있고, 좌우에는 동
재와 서재가 서로 마주보고 있다. 일반적으로 서원의 강당은 강
학이 이루어진 공간이다. 서원에 입학해 공부하는 학생들의 정원
이 10인 전후였고, 후대로 갈수록 지명도가 낮은 서원의 경우에

사진 17 도천서원의 외문인 양덕문 현판

는 그 정원조차 채우지 못하는 경우가 많았기 때문에 강당의 규모는 그렇게 클 필요가 없었다.

도천서원의 현판이 걸려있는 강당은 전면 7칸 규모로, 일반적인 서원의 강당에서 보자면 결코 작은 크기는 아니다. 중앙은 대청마루이고, 그 좌우 양측은 협실, 곧 온돌방으로 구성되어 있다. 그 기능에서 보자면 이 강당은 수업 곧 강학이 진행되던 곳이고, 양측의 협실은 서원의 우두머리인 원장과 원임들이 기거하는 곳이다. 강당의 협실이 원장이나 원임들이 거처하는 공간이라면, 동재와 서재는 학생들의 기숙공간이다. 보통의 경우 이 동재와 서재에도 특별한 의미를 가진 이름의 현판이 걸려 있기도 하지만, 도천서원에는 동재와 서재라는 이름으로 현판이 걸려있다.

반면에 강당에는 중앙의 대청마루를 비롯한 각 협실마다 현판이 걸려있다. 강당의 좌측 협실에는 '학이재學而齋'라는 현판이 걸려 있는데, 이 명칭은 『논어』「학이」편의 "공자께서 말씀하셨다. 배우고 때때로 그것을 익힌다면 또한 기쁘지 아니한가?子曰 學而時習之 不亦說乎"라는 구절에서 그 이름을 따온 것이라 생각된다. 배우고 익히기를 권하는 의미를 담고 있는 것이다.

그리고 이 '학이재' 옆의 대청마루에는 '시경당示敬堂'이라는 현판이 걸려 있다. '경敬'은 성리학의 주요한 수양방법으로, 그 주요 내용은 다름 아닌 도덕적 긴장감이다. 내면적으로나 외면적으로 '삶의 혹은 도덕적인 긴장감을 잃지 않는 것', 그 자체가 하나의 공부이자 그 공부를 통해서 도달하게 되는 경지였다. 그래서

사진 18 시경당 현판

우리나라 최초의 서원인 소수서원을 돌아가는 죽계의 물가에도 '경'자를 새겨 놓은 경자敬字 바위가 있다. 모두 '경'의 공부나 수양을 그 만큼 중요하게 생각하고 강조했다는 것을 보여준다. 그래서 '시경示敬'은 단순히 '경의를 표한다'는 의미보다는 '경의 수양법을 보여주고 가르치는 곳'이라는 의미로 이해하는 것이 옳을 것이다. 그런데 1818년에 오우상이 쓴 「성덕재기盛德齋記」에서 보자면, 당시 도천서원의 강당은 '성덕재盛德齋'라 불렸음을 알 수 있다. '시경당'이라는 명칭은 노산정사가 건립되면서 사용하게 되었을 것이라 짐작된다.

　'시경당'의 오른쪽 협실에는 '취정당就正堂'이라는 당호가 걸려

사진 19 도천서원 현판

사진 20 학이재 현판

사진 21 취정당就正堂 현판

있다. 당호의 '취정'은 『논어』 「학이」편 "공자孔子께서 말씀하셨
다. '군자君子는 먹을 때에 배부른 것을 구하지 않고, 거처할 때에
편안함을 구하지 않으며, 일은 민첩하게 처리하고, 말은 삼가하
며, 도道가 있는 사람에게 찾아가 자신의 옳고 그름을 물어 바르
게 한다면 학문學問을 좋아한다고 할만하다.'[子曰, 君子食無求飽,
居無求安, 敏於事而慎於言, 就有道而正焉, 可謂好學也已.]"라는 구절
에서 취한 것으로 보인다. '도를 깨닫거나 얻은 사람에게 찾아가
자신의 잘잘못을 물어 스스로를 바르게 하는 것', 그것이 바로
'취정'이다. 그리고 이러한 당호에서 이 서원이 무엇을 지향하고
있는지가 드러나고 있는 것이다.

사진 22 앙지헌仰止軒 현판

그리고 강당의 오른쪽 끝 작은 마루에는 '앙지헌仰止軒'이라는 현판이 걸려 있다. 이 '앙지헌'은 『시경詩經』「소아小雅」의 "높은 산을 바라보며, 넓은 길을 걸어가네[高山仰止, 景行行止.]"라는 구절에서 따온 것이다. 가슴 속에 높은 이상을 품고, 그것을 실천하며 당당하게 길을 가는 모습이 그려지는 구절이기도 하다. 서원에서 학업을 쌓아가는 원생들이 무엇을 향해 나아가야하는지를 생각하게 하는 구절이라고 생각된다.

이와 같은 '학이재'·'시경당'·'취정당'·'앙지헌' 등 강당 건물 곳곳에 걸려있는 현판들은 곧 서원에서 공부하는 이에게 생각거리를 던져주고, 자기 자신을 되돌아보게 만드는 주요한 계기이자

사진 23 노산정사창설기 서판

요소들이기도 했다. 이들 당호를 가진 공간에서 거주하고, 또 그 당호를 부르고 입에 올리는 과정에서 그 의미들은 자연스럽게 몸에 베어들어 실천될 수 있었다고 생각된다.

이외에 강학이 이루어진 강당의 '시경당'에는 「노산정사창설기」와 「노산정사기」 그리고 「노산정사중수기」 3편의 글이 편액되어 있는데 그 내용은 다음과 같다.

「노산정사창설기」

지금 우리 삼우당선생三憂堂先生을 흠모하여 정사精舍를 창건하였다. 정사를 이 땅에 지은 것은, 이곳이 바로 선생의 조상들이 살던 곳이고, 선생의 자취가 머물러 계신 터이고, 또 선생의 묘소가 있는 곳인 노산蘆山이기 때문이다. 그래서 노산정사蘆山精舍라고 이름을 붙인 것이다. 이 노산정사의 시종 내력에서 극도로 쇠퇴하면 다시 회복해 일어난다는 도리道理를 볼 수 있다.

아! 우리 선생은 우리나라의 올바른 학문의 으뜸이면서 만세萬世에 전할 특별한 공훈까지 겸하셨다. 돌아보건대 향사享祀하던 도천서원道川書院도 마땅히 다른 훈공勳功이 있는 분을 모시는 사당祠堂처럼 영원히 전해져야 할 것이다. 그런데도 결국 근년에 어지러이 철폐 당하는 서원에 끼게 되었다. 대개 먼 시골 사람들의 천박한 심정을 임금님께 전달할 여유를 갖지 못했기 때문일 것이다.

그래서 도천서원의 남은 재료를 주어모아 향교의 터 밑을 빌려 몇개의 서까래를 얽어매 임시로 흥학재興學齋라고 이름을 붙였다. 십 수 년이 지나서 재를 이곳에 옮겨놓고 선생의 묘각墓閣과 서로 바꾸어 새롭게 해서, 지금은 신안사재新安思齋와 한 곳에 있게 되었는데 진실로 우연한 것이 아니다.

대개 선생을 향사하던 일곱 군데 서원들은 다시 세울 기약이 없다. 선생을 문묘文廟에 종사從祀할 것을 청원請願한 일이 여러 차례였음에도 임금님의 허락하시는 비답批答을 얻지 못하고 있다. 그래서 오늘날 남쪽 지방의 많은 선비들이 탄식하며 정성을 다하고 있다. 그리고 우리 고을의 유柳사또(柳本藝)에게 유학의 도道를 지키는 문제를 두고 협의했다.

변함없이 그대로 있는 자연만이 우리 선비들이 귀의할 곳이다. 하물며 이 지방의 이름난 산들은 대성산大聖山에 근원을 두고 뻗어 나왔고, 강으로는 신안강新安江을 베개처럼 베고 있으니, 그 기이한 만남이 남쪽 지방의 지형을 이루고 있다

정사精舍는 남쪽을 향한 5칸인데, 오른편에는 앙지헌仰止軒, 왼편에는 학이재學而齋라는 편액扁額을 달았다. 내 일찍이 이 이름을 살펴보고 생각한 것이 있었다. 특히 이 정사는 주자朱子의 창주정사滄洲精舍의 의절儀節을 취하였는데 그것을 참작해서 더하거나 줄였다. 매년 음력 3월 1일과 9월 1일에 많은 선비들을 모아, 종이로 만든 선생의 지방紙榜을 모시고는 좋은 향을 피우며 우러러 절을 한다. 그 일을 마치고 나서는 상읍례相揖禮와 향음주례鄕飮酒禮 등의 예를 행한다. 그리고는 향약鄕約을 손질하고 경학經學을 강론講論하니, 일반 백성들도 교육의 혜택을 입을 수 있다. 인재를 기르는 성대한 교화敎化를 노래하는 것이 이러했다.

유학儒學의 기풍氣風이 다시 떨쳐 일어나 유학이 전해지는 것이 단성丹城의 이 노산정사蘆山精舍로부터 시작될 것이다. 장차 우리 해동海東의 백세百世 이후까지도 우뚝하게 높을 것이다. 삼우당三憂堂선생의 도학道學과 은혜로운 공덕功德에 대한 것은 나라의 역사서 및 유림들의 글에 환하게 펴져 있으니, 보잘 것 없는 후학이 감히 한 마디도 더할 것이 없다. 이제 나는 외람되게 동지인 성주 이도영李道瑛과 함께 이 일에 참여하였다. 본손인 문재록文在祿, 문정하文正夏 등 여러 사람들이 함께 의논하여 힘을

썼다. 이에 이렇게 기술한다.

신묘辛卯(1891)년 3월 16일 경진庚辰에 안동安東 권상적權相迎은 삼가 쓴다.[4]

「노산정사기」

노산蘆山은 문삼우당文三憂堂 선생의 묘소가 있는 곳이다. 팔꿈치 하나로 껴안듯이 서쪽으로 감돌아 노산과 마주한 곳에 집을 지어 노산정사蘆山精舍라 이름 하였는데, 옛날에 없다가 있게 된 것이다. 도천道川 위에 옛날 삼우당三憂堂이 있었는데, 당堂은 무너지고, 서원이 세워져 사림士林들이 의탁하는 곳이 되었다.

서원이 훼철되어 선비들이 의탁할 곳이 없어지자, 고을 선비 권공權公 상적相迪과 이공李公 회근晦根이 여러 선비들 그리고 여러 문씨文氏들과 도모하여 비로소 정사를 세우게 되었다. 정사는 모두 다섯 칸인데, 동쪽의 서재는 학이재學而齋라 하여 사방에서 공부하러 오는 사람들을 받아 들였다. 서쪽의 난간은 앙지헌仰止軒이라고 했는데, 삼우당선생을 우러러 흠모해 찾아 모든 사람들을 거처하게 했다. 가운데는 마루인데, 시경당示敬堂이라 하고 봄가을로 채례菜禮를 하거나 강송講誦하는 장소로 삼았다. 노산정사蘆山精舍는 전체 이름이다.

옛날 이 정사精舍가 있기 전에는 묘소의 재실齋室이 있었는데, 여기에서 자손들이 제사를 올렸다. 그 옆에 찾아 오는 선비들을

사진 24 노산정사기 서판

수용할 수 없었으므로 재실과 정사의 위치를 바꿨는데, 선생을 모시는 일에 있어서는 해로울 것이 없다. 내가 일찍이 단성丹城에 두 번 간 적이 있었는데, 선생이 사시던 옛 마을 앞에서 절을 하고서, '세 가지 근심[三憂]'을 가만히 외우다가 나도 모르게 감탄하여 말하기를, "무릇 지금의 모든 사대부士大夫들이 나라가 떨치지 못 하는 것을 근심한다면, 나라의 형세가 이런 지경에 이르지는 않았을 것이다. 무릇 지금의 모든 사대부들이 도학道學이 밝혀지지 않는 것을 근심한다면, 이단異端의 주장이 이런 지경에까지는 이르지 않았을 것이다. 무릇 지금의 사대부들이 모두 자기의 덕德이 닦여지지 않는 것을 근심한다면, 백성들의 풍속이 이런 지경에 이르지는 않았을 것이다."라고 했다.

마을 옆에 밭이 하나 있었는데, 그곳에 사는 사람이, "선생께서 처음으로 목면 씨앗을 심었던 곳입니다."라고 했다. 주위를 돌다가 두 번째로 감탄하기를, "동쪽 나라 억만년 동안 백성들에게 옷을 입게 한 근원이 바로 여기서 나왔구나."라고 했다.

노산蘆山에 올라 선생의 묘소에 참배했다. 내려와서 정사精舍에 들어가니, 의관을 차려 입은 사람들이 그득하였는데, 서로 읍하고 사양하다가 자기 위치로 갔다. 정사 벽에는 채례采禮의 의절儀節이 있었고, 마당과 섬돌에는 꺾고 도는 칫수가 그려져 있었으니, 선생께서 분명히 자리에 앉아 계시면서 여러 유생들에게 말씀하시는 것 같았다.

채례를 끝마치자, 정사를 짓게 된 전후 경위를 갖추어 말하고 나서 또 말하기를, "정사에는 글이 없을 수 없습니다. 문서를 갖추어서 선생에게 글을 청합니다. 선생께서 오신 것이 어찌 그리 기적 같이 들어맞는지요? 지금 도모하지 않을 수 있겠습니까?"라고 했다. 감히 할 수 없다고 사양해도 받아 들여지지 않았다. 삼가 보고 들은 것을 서술하여 이 정사의 기문으로 삼는다. 신축辛丑(1901)년 단오절에, 후학後學 행주幸州 기우만奇宇萬은 짓는다.[5]

사진 25 노산정사중수기 서판

「노산정사중수기」

강성江城은 오래된 고을이다. 고을의 관아에서 북쪽으로 십리
쯤에 갈로산葛蘆山이 있는데, 이 산은 덕유산德裕山에서 남쪽으로
수 백리를 달려와 여기에 이르러 멈췄다. 대성산大聖山은 그 북쪽
을 누르고 있고, 신안강新安江은 그 앞을 지나고 있다. 옛날 충선
공忠宣公 사은思隱 문선생文先生께서 태어난 고을이고, 산소가 이
산의 아래에 있다.

선생은 고려高麗 말기 나라에 한결 같은 마음을 두었고, 두 임

금을 섬기지 않았다. 바른 학문을 불러 일으켜 우리나라 사람들을 깨우쳐 주었다. 선생의 충효와 도덕은 실제로 우리나라 으뜸가는 유학자임이 분명하다. 옛날 우리 공정왕(恭靖王 定宗)께서 이곳에 안장安葬하라고 명하시며, 강성군江城君에 추봉追封하고, 벼슬을 더하며, 시호諡號를 내려 그 공덕을 기렸다. 또 묘소의 사당을 세워주고, 후손들의 세금을 면제하여 그 덕을 보상하였다. 후세의 왕들이 이어서 높이고 장려하며 도천道川으로 사액賜額하여 선비들의 기풍氣風을 격려하였으니, 우리 고을의 인사들에게 더욱 빛이 있었다.

서원은 옛날에 도천道川 위에 있었는데, 목릉穆陵(선조의 능호) 임진壬辰(1592)년 전란 때 폐허가 되어 다시 향사하지 못하였다. 우리 선조의 형님 되는 매헌梅軒 공(이각)이 유생들을 이끌고 조정에 글을 올려 다시 설립했다. 중간에 이 서원이 나라에서 금지하는 대열에 섞여 들어가 황폐하게 되어 풀만 무성했다.

신묘辛卯(1891)년에 해려海閭 권상적權相迪 공과 우산尤山 이회근李晦根 공이 사림士林 및 후손들과 의논하여, 묘소 사당의 옆에 사재思齋를 따로 세웠다. 서원에 남아 있던 물건을 거두어 모아 노산정사蘆山精舍라는 편액을 집앞에 붙이고, 매년 봄 가을로 이 집에 많은 선비들을 모아 향을 피우고 선생에게 채례茶禮를 올리고 모여 강학을 했다. 선현을 존모尊慕하고 학문을 일으키려는 그 당시 여러분들의 정성이 이토록 성대하다.

세월이 점점 흘러가 기둥이 썩고 주춧돌이 무너져 장차 큰집이 기울어지는 근심을 감당할 수 없게 되었는데, 게다가 화재까지 났다. 고을사람들이 이런 상황을 보고는 깊이 탄식하였고, 목수는 어떻게 해 보려고 하다가 달아나 버렸다. 하루는 매헌梅軒의 후손인 이량수李亮洙가 사림 박원식朴瑗植 및 선생의 후손 문석표文錫杓, 문제로文在魯, 문태욱文泰郁 등에게 말하기를, "이 집을 중수하지 않으면, 훌륭한 선생을 우러러 존모尊慕할 곳이 없습니다. 선현들이 힘을 다해 서원을 지은 의미가 아득해져 고찰하여 기술할 곳이 없습니다."라고 말하고는, 개연慨然히 분발하여 고을 사람들을 불러 의논하였다. 드디어 목재를 모으고 목수를 불러 옛날 규모대로 다시 새롭게 지었다. 난간과 창문, 방 등은 아주 깔끔하게 되었고, 문과 담장, 고방庫房 등은 더욱 빛을 더하였다.

일이 끝나자 모두가 나에게 이야기하기를, "이번의 이 일은 어려운 때에 부족한 힘으로 완성하였으니, 한 마디 말로 그 전말을 기록하지 않을 수 없습니다."라고 했다. 내가 스스로 돌아보건대, 버려진 사람으로 글을 잘 할 줄 모르니, 이 책임을 감당할 수가 없다. 그러나 그 간절한 뜻을 어기기 어려워 우선 그 전말을 이렇게 기술하였을 따름이다.

기미己未(1919)년 음력 12월 하순에 고을의 후학 성주星州 이도복李道復은 기문記文을 짓는다.[6]

이와 같은 노산정사의 건립이나 중수와 관련된 기록 외에, 이

색과 김굉필의 시가 하나로 편액되어 있고, 김종직과 정여창, 조식, 김정국의 시가 또 다른 하나로 편액되어 있는데, 그 내용은 다음과 같다.

옛날 연도를 달리던 때 꿈속에서 생각하니,
얼굴 가득한 누런 먼지에 다만 스스로 슬퍼했다네.
어렵게 돌아와 의리를 따르는데 뜻을 두고서,
태평한 시대에 읊고 노래한 것 시로 기록한다네.
조정에서 홀을 끌어안으니 삼품 벼슬인데,
영남의 강산을 또 한번 다스린다네,
병상에 드러누워 왕래가 적나니,

좋은 자리에서 실려 발휘한 것이 몇 년인지 모르겠네.
목은牧隱(이색)7)

바다 동쪽에 나라가 세워진 것이 어느 때던가?
아득한 먼 옛날은 사람들이 알지 못한다네.
백성들 모두 꿈뜨고 어리석었는데,
단지 입고 먹는 것만 생각했었지.
옷으로 몸을 가려 추위와 더위 지내고,
음식으로 굶주림 해결하며 아침 저녁을 지냈다네.
우리나라는 하늘 한쪽 모퉁이에 치우쳐 있기에,
여러 방식으로 짠 수놓은 비단 등은 알지 못했네.
여자들 길쌈하는 것은 본래 그 땅에서 나는 것으로 하나니,
모시 삼베 명주 등을 바삐 바삐 짰다네.
한훤당寒暄堂(김굉필)8)

바다 동쪽 나라 연 지가 몇 해이던가?
백성들이 옷을 입게 된 연유가 있었네.
오호라! 문공 주머니 속의 물건이,
재물로 변하여 오래도록 가리라.
점필재佔畢齋(김종직)9)

앞 왕조 한 사람 간의대부로,
백성들에게 옷을 입힌 공적은 태산처럼 높구나.
돌아와 날마다 삼백 잔을 마시며,
취하여 천지 사이에 누웠으니 기상이 호쾌하구나.

사진 27 김종직과 정여창, 조식, 김정국의 시판

일두一蠹(정여창)[10]
강성 고을 충신이자 효자인 문공이시여!
옷으로 백성들 입혔으니 그 공적은 후직과 같구나.
벼슬에 현달한 후손들을 볼 수 없으니,
동쪽 나라 사람들은 다시 어떻게 공을 갚을 것인가?
南冥(조식)[11]

입혀주고 먹여준 신성한 공적은 후직처럼 우러르니,
백성들 위해서 하늘 끝까지 보답하는 제사 올린다네.
동쪽 나라 백성들은 영원히 무명옷을 입는 이로움을 입었는데,

사진 28 서재

은덕을 갚는 것이 미미하여 개탄만 더 나오는구나.
사재思齋(김정국)[12]

3. 삼우사와 제향 공간

일반적인 서원의 모습과 마찬가지로, 도천서원 역시 전형적인
'전학후묘前學後廟'의 모습을 갖추고 있다. '전학후묘'란 강학이
이루어지는 강당이 전면에 그리고 그 뒤에 사당이 자리 잡고 있

는 모습이다. 도천서원의 현판이 걸려있는 강당의 뒤로 돌아가면 계단 위에 강학공간과 제향공간을 구분하는 내문이 있다. 내문은 흔히 외문과 마찬가지로 3칸의 문으로 구성되어 있는 까닭에 내삼문이라 부른다. 이 내삼문을 들어서면 다시 사당인 '삼우사'가 위치해 있다.

'삼우사'의 '삼우三憂'는 곧 문익점의 호이며, 그것은 세 가지, 곧 "나라가 크게 융성하지 못하는 것, 성인의 학문이 전해지지 못하는 것, 자신의 도가 확립되지 못하는 것을 근심한대[憂邦國之不振, 憂聖學之不傳, 憂己道之不立.]"는 것이다. 나라가 안정되고 발

사진 30 삼우사의 처마 장식

전해 가기를 염원하고, 학문이 발전하고 계승되길 고민하며, 자신이 점점 더 성장해 갈 것을 추구하는 그 삶의 지향이 잘 읽혀지는 부분이다. 삼우사의 처마 장식은 비교적 화려하게 단청이 되어 있다. 현재 삼우사에는 정면에 문익점의 위패가 봉안되어 있다.

　이 밖에 도천서원의 부속건물이라 할 수 있는 '신안사재'가 있다. '신안사재'는 강당 앞에 나란히 자리 잡고 있는 동서재 가운데, 동재와 같은 방향으로 서쪽을 향한 건물이다. 이 신안사재로 들어가는 독립된 문에는 '추원문追遠門'이라는 이름의 현판이 걸려있다.

사진 31 추원문 현판

'추원'이라는 말은 『논어』「학이」편의 "가까운 부모가 돌아가
시면 근신하며 상례를 치르고, 먼 조상의 덕을 기리며 추모하면
백성들의 덕성이 두터워질 것이다.[曾子曰, 愼終追遠, 民德歸厚矣.]"
라는 구절에서 따온 것이다. 공자의 제자 중에서 증자는 특히 효
를 강조한 것으로 알려져 있는데, 이 구절 역시 부모와 조상에
대한 효, 혹은 그것을 실천하는 방법에 대해 이야기 하고 있다.
따라서 '추원문'이라는 이름의 대문을 들어서면, 조상을 추모하는
공간이 시작된다는 것을 의미한다.

이렇듯 추원문을 열고 들어서는 공간에 자리 잡은 '신안사재'

사진 32 신안사재 현판

는 '신안사재' 옆의 갈로산에 위치해 있는 문익점의 묘소와 함께
제사를 지내는 공간이다. 이것은 '신안사재' 대청마루에 걸려 있
는 「신안사재기」에서도 확인되는데, 그 내용은 다음과 같다.

「신안사재기新安思齋記」

명明나라 건문建文 2년 경진庚辰(1400)년에, 고려高麗의 좌사의대
부左司議大夫였던 삼우당선생三憂堂先生 문공文公께서 돌아가셨
다. 우리 공정왕恭靖王께서 강성현江城縣 북쪽의 신안리新安里 갈
로산葛蘆山의 양지쪽에 예장禮葬할 것을 명하시며 제전祭田을 하
사하시고, 사당祠堂을 묘소의 밑에다 짓게 하시며, 묘소를 수호할

사진 33 신안사재기

민가를 두시고 세금과 부역을 면제하셨다.

그 다음 해 신사辛巳(1401)년에는, 임금께서 포장褒獎하는 정문旌門을 세워 '고려충신지문 高麗忠臣之門'이라 하고 의정議政에 추증追贈하시고, 강성군江城君에 봉하셨으며, 시호諡號를 충선忠宣이라 내리셨다.

선생은 고려 말기에 임금을 섬겼는데, 그 충성은 몽고나라 조정을 움직이게 했고, 어버이를 섬김에 그 효성은 왜국의 무리들을 감복시켰으며, 백성들에게 혜택을 끼쳐 만세萬世에 옷을 입게 했다. 올바른 학문을 부르짖어 이단異端의 잘못된 점을 밝혀 물리쳤으니, 유학儒學에 대한 공로에서도 선생과 대적할 사람이 없다. 그래서 역대 여러 임금님들의 포장褒獎과 여러 어진 분들이 찬양해서 서술한 것에 이미 모두 갖추어져 있다. 퇴계는 "온 나라의 의관衣冠과 문물을 빛나게 한번 새롭게 했다"라고 했다. 우암尤菴은 "정자程子 주자朱子가 세상을 떠나고 나서, 그 학문의 전통을 얻었다"라고 했다. 두 선생의 논의는, 간결하면서도 할 말은 다 했다.

묘소의 사당은 남명南冥선생이 그 기문記文을 지었는데, 임진년 전란을 겪은 뒤로는 폐허가 되었다. 그 기문은 비록 몇 군데 빠졌지만 백세百世토록 그 내용을 완전히 믿게 할 수가 있으니, 어찌 다시 다른 말을 붙이겠는가? 원근에 사는 후손들이 일찍이 그 빈 터에다 초가 한 채를 짓고서, 1년에 한 번의 제사를 올려왔다. 철종 계축癸丑(1853)년에 사손祀孫 병열秉烈이 그의 일가 재현在賢과 슬퍼하며 탄식해 말하기를, "이건 우리 선조를 높여 받드는 도리가 아니다"라고 하고는 곧 여러 일가들과 도모하여 정성을 다해 재물을 모아 초가를 기와로 갈아 이고 옛날 것을 다시 새롭게 했으니, 이는 바로 '차마 버려둘 수 없고, 차마 황폐하게 할 수가 없다'는 뜻이다.

지금 임금님[高宗] 신묘辛卯(1891)년에, 고을 사람들이 몇 칸의 정사精舍를 그 옆에 지어, 봄 가을로 채례菜禮를 올리고 학문을 강론하는 장소로 삼았다. 그 대청마루가 좁아 찾아오는 고을의 준재들을 수용할 수가 없었다. 그래서 정사精舍의 현판을 옛날 건물에 걸고, 새로 지은 건물의 이름을 신안사재新安思齋라 했다.

늘 일이 있을 때마다 사림들이나 후손들이 모여서 일을 주선했다. 정사精舍는 어진 사람을 존모尊慕하는 곳이고, 재齋는 먼 옛날 분들을 그리워하며 제사 지내는 곳이니, 어진사람을 어진사람으로 예우禮遇하고 친족을 친족으로 여기는 도리가 또한 갖추어지게 되었다.

우암尤菴선생께서 '그 전통傳統을 얻었다'라고 말씀하신 바를 가만히 생각해 보면, '전해진 것'이란 무엇인가? 이 신안사재에 올라선 사람이라면 이 점을 생각하지 않을 수 없는 것이다. 어떻게 오직 선생의 묘가 있고 선생의 고향이었다는 것만을 생각하겠는가? 갈로산葛蘆山의 가래나무나 잣나무가 신안강新安江가에 나 있는 것 또한 우연이 아니다. 땅 이름으로 말미암아 흠모欽慕하는 마음을 붙여, 거슬러 올라가 주자朱子께서 전한 것을 구하여 선생께서 전해 받았던 것을 강론하게 된다면, 후손이나 후학後學이 되기에 부끄럽지 않을 것이다.

내가 선생의 고향 땅 후생後生이라 하여 사손祀孫인 택호宅鎬가 사실을 담은 기문記文을 지어 줄 것을 요청하였는데, 내가 감히 글을 지을 사람이 아니라고 해서 사양하지 못했다.

영력永曆 이후 다섯 번째 기해己亥(1899)년 중양절重陽節 음력 9월 9일에, 후학後學 성주星州 이도복李道復은 기문記文을 짓는다.[13]

이처럼 「신안사재기」에서는 현재의 '신안사재'가 어떻게 자리 잡게 되었는지 그 과정을 다음과 같이 설명한다. "지금 임금님[高宗] 신묘辛卯(1891)년에, 고을 사람들이 몇 칸의 정사精舍를 그 옆에 지어, 봄 가을로 채례菜禮를 올리고 학문을 강론하는 장소로 삼았다. 그 대청마루가 좁아 찾아오는 고을의 준재들을 수용할

사진 34 고직사 앞 서원의 벽에 걸려 있는 그림들

수가 없었다. 그래서 정사精舍의 현판을 옛날 건물에 걸고, 새로
지은 건물의 이름을 신안사재新安思齋라 했다"는 것이다. 이 구
절에서 보자면, 1891년에 '노산정사'를 세워 강론하는 장소로 삼
았지만, 마루가 좁아 불편하자, 정사의 현판을 기존에 있던 건물
에 걸고, 새로 지은 노산정사 건물을 신안사재라고 부르게 되었
던 것이다. 이 기록이 사실이라면 현재의 '신안사재' 건물이 본래
'노산정사'였고, 지금 '도천서원' 현판이 걸려 있는 도천서원의 강
당이 본래 '신안사재'였던 것이다.

그리고 또 하나 우리가 주목하지 않을 수 없는 것은 바로 재

사진 35 고직사 앞 서원의 벽에 걸린 그림들

실의 이름이 '신안'이라는 점이다. 이 지명이 눈에 들어오는 것은
그것이 주자朱子와의 관련성을 함축하고 있기 때문이다. 주자의
조상들은 본래 강서성江西省 무원婺源에서 살았는데, 그곳에는
신안강新安江이 있었다. 그리고 1170년 정월 주자는 모친상을 당
하자 한천寒泉 숲의 천호天湖 남쪽에 장사지내고, 같은 해에 한천
숲에 한천정사를 지었다. 그런데 문익점이 태어나고 묘소가 있는
단성현丹城縣에도 주자의 고향에 있는 강과 같은 이름의 신안강
이 있어서, 이 양자의 공통점을 통해 주자와 삼우당의 학문이 연
결되고 있다는 점이다. 그래서 이도복은 "갈로산葛蘆山의 가래나

무나 잣나무가 신안강新安江가에 나 있는 것 또한 우연이 아니다. 땅 이름으로 말미암아 흠모欽慕하는 마음을 붙여, 거슬러 올라가 주자朱子께서 전한 것을 구하여 선생께서 전해 받았던 것을 강론 하게 된다면, 후손이나 후학後學이 되기에 부끄럽지 않을 것이 다"라고 말하고 있는 것이다.

이와같은 서원건물과 부속건물 외에 고직사가 서원과 접한 서 쪽에 자리 잡고 있다. 현재에는 서원의 관리자가 거주하고 있고, 평상시 서원의 출입도 이 고직사와 접한 쪽문을 통해 이루어지고 있다.

앞에서 살펴본 것처럼, 도천서원은 수 많은 우여곡절을 겪으 며 현재의 모습으로 자리 잡았다. 소실과 중건, 이건과 훼철, 복 설 등을 거치며 서원의 외적인 모습만 변화했던 것은 아니라고 생각된다. 서원이 전란이나 화재로 소실되면서 자연스럽게 소장 하고 있던 다양한 서적이나 문건을 포함한 유물들이 함께 소실되 었을 것이기 때문이다. 2012년에 국사편찬위원회에서 발행한 『수집자료해제집 6』의 「경남 산청 도천서원 관련 고문서의 종류 와 특성」에서도 확인되듯, 도천서원과 관련된 문서들 대부분은 19세기, 특히 고종 8년의 서원철폐령을 겪은 후 서원의 운영상황 을 반영한 자료들로, 서원의 물적 인적 기반과 그 운영에 관한 내용이 주가 되는 것도 바로 그와 같은 까닭이라 이해할 수 있다.

사진 36 도천서원묘정비

제5장

읽어볼 관련 자료

여기에는 문익점과 도천서원에 관한 더 깊은 이해를 위해 꼭 필요하다고 생각되는 읽어볼 만한 자료들을 간추려 싣고 있다. 문치창의 「가전」, 조식의 「묘사기」, 이황의 「효자비각기」, 이덕무의 「부민후전」, 박사휘의 「단성건원기」, 오우상의 「성덕재기」 등 모두 6편의 글이다.

1. 문치창의 「가전家傳」(『삼우당문집』)

선생의 성은 문文이고, 이름은 익점隘漸이며, 자字는 일신日新, 호는 삼우당三憂堂이다. 진주晉州 강성현江城縣 사람이다. 그 선대의 세계世系는 남평南平에서 나왔는데, 남평개국백南平開國伯 무성공武成公인 다성多省의 후예다. 고려시대 공유公裕란 분이 있었는데, 벼슬은 문하성사門下省事 집현전集賢殿 대학사大學士를 지냈고, 시호諡號는 경정敬靖이다. 극겸克謙이란 분이 있었는데, 벼슬은 평장사平章事를 지냈고, 시호는 충숙忠肅이다. 선생에게 9대조가 된다. 고조인 득준得俊은 강성백江城伯에 봉해졌고, 시호는 의안毅安이다. 증조인 극검克儉은 증판도판서贈版圖判書인데, 시호는 정렬靖烈이다. 조부인 윤각允恪은 문한학사文翰學士 증전리판서贈典理判書이다. 부친인 숙선叔宣은 성품이 맑고 간결하여 어지러운 빛과 음탕한 소리를 좋아하지 않았고, 평소 의복이나 음식은 검소하게 하였으니, 세상에서 청도선생淸道先生이라 불렀다.

오산鰲山(현재의 청도)의 고을 원이 되었는데, 그 곳의 풍속은 매우 더럽고 썩어 있었으며 불교에 빠져 인륜은 돌보지 않고 있었다. 이에 예의와 효도 공경의 도리로 깨우치며, 시행하기를 3년 동안 하자, 풍속이 크게 교화되었다. 그래서 고을 이름을 청도淸道라 했다. 벼슬은 좌정언左正言에 이르렀고, 원종공신原從功臣에 녹훈錄勳되었으며, 문하시중門下侍中에 추증되었고, 시호는 충정忠貞이다.

모친은 함안군부인咸安郡夫人 조씨趙氏로, 삼한국대부인三韓國大夫人에 추증되었다. 동평장사同平章事 진주珍柱의 따님으로, 정숙하고 신중하여 아름다운 덕행이 있었다. 임신 중에 큰 별을 끌어안았다가 떨어뜨리는 꿈을 꾸었고, 그 뒤에 선생을 낳았으니,

지순至順 2년(1331) 신미년辛未年 음력 2월 8일이다.

선생은 나면서부터 빼어나고 특이하였는데, 왼쪽 어깨에 누런 점이 있어 삼태성三台星 모양과 같았다. 3세 때 모부인은 공이 손으로 달 속에 있는 계수나무를 꺾는 꿈을 꾸었는데, 부친 충정공忠貞公이 그것을 기이하게 여겨, 이름을 익첨益瞻이라고 했다. 6, 7세가 되자, 타고난 성품이 자상하면서도 강직하고, 뜻은 크고도 깊어 여러 아이들과 어울려 놀려고 하지 않았다. 8세 때 처음으로 공부를 시작했다. 매우 추울 때나 아주 더운 때나 비가 내려도 반드시 일찍 일어나, 부모님의 처소로 가서 자신이 해야 할 일을 하고난 뒤 공부를 하는 것을 일상으로 삼았다. 선생이나 어른들이 모두 칭찬하며 "이 아이는 반드시 큰 발전이 있을 것이다"라고 말하였다. 11세 때에 가정稼亭 이곡李穀선생에게 학문을 배웠다. 그 때 이곡 선생의 아들 이색李穡은 이미 학문을 성취하고 있었는데, 선생은 도움을 받을 수 있는 벗으로 잘 대했다. 16세에 결혼을 하였다.

20세 때는 고을의 천거로 국학인 경덕재經德齋에 들어갔다. 그 때 선생은 행실이 착하고 공정하며, 문장은 법도에 맞고 고아하여 세상에 이름이 났다. 그래서 선배들이 천거해 주었던 것이다. 선생이 경덕재에서 공부하기 시작한지 몇 달이 지난 어느 날, 꿈에 노인이 '풍산風山'이라는 두 글자를 주었다. 그래서 선생은 이름을 '점漸'으로 바꾸었다.

23세 때에 정동성征東省 향시鄕試에 급제하였다. 30세 때에 신경新京 동당시東堂試에 급제했는데, 삼장三場(과거시험의 초장, 중장, 종장)에 연달아 합격하여 7등으로 뽑혔다. 신축년(1361)에 예문관藝文館 직강直講에 임명되었다. 임인년(1362)에는 승봉랑承奉郎에 올랐다. 계묘(1364)년에는 여러 차례 자리를 옮겨 사간원司諫院 좌정언左正言에 올랐다.

조정에서 잘하고 잘못한 것 가운데 알고서 말하지 않은 것이 없자, 임금의 부족함을 잘 보완해 준다고 칭찬하였다. 이때에 나라에는 걱정스러운 일이 많았으니, 서쪽으로는 홍건적紅巾賊이 걱정이었고, 남쪽으로는 왜적들이 걱정거리였다. 또 원元 나라 조정으로부터 견책을 받아 이전에 원나라에 들어갔던 사신들은 한 사람도 고려로 돌아오지 못했다. 그리고 봄이 다 가도록 매달 초하루에 천자가 천하의 제후諸侯들에게 정령政令을 내리면서도 허물을 용서한다는 명령을 내리지 않아, 사신이 돌아오지 못하였다. 안팎으로 소식이 끊겨 의심하고 두려워하여 안정되지 못했다. 그래서 다시 사신을 보내 사정을 알리고 원나라 황제의 마음을 돌리게 하려고 하였으나, 모두 사신 가는 것을 위험하게 여겨 원나라로 가려고 하지 않았다.

그런데 선생은 서장관書狀官으로 원나라에 갔다. 원나라에서는 선생에게 예부시랑禮部侍郎의 벼슬을 주어 머물게 했다. 선생은 여관에서 숙식을 하고 있었는데, 자칭 원나라 황제의 총애를 받는다는 신하 조가달趙可達이라는 사람이 여관으로 찾아 와 말하였다. "여기는 시랑이 유숙할 곳이 못되니, 나를 따라 놀다가 본국으로 돌아가는 날을 기다리는 것이 어떻겠습니까?" 선생은 그 사람이 교만하고 거만한 태도를 보이기에, 마음으로 매우 불쾌하게 여기며 사양하여 말하였다. "작은 나라의 사람이 큰 나라에 와서 벼슬하고 있는데, 오래 갈 수 있겠습니까?" 그 사람이 웃으며 말하였다. "당신은 사양하지 마시오. 나는 또 사람이 있소이다." 그리고는 되돌아갔다. 선생은 그 사람에게 이상한 점이 있다고 의심이 생겨, 사람을 시켜 그 뒤를 따르게 했지만 알 수가 없었다.

이에 앞서, 고려의 찬성贊成인 이공수李公遂도 원나라의 태상경太常卿이라는 관직을 받았다. 마침 제사를 지내는 일 때문에 선생이 가서 물었다. "어제 저를 찾아왔던 사람이 누구입니까?" 이공수가 답하며 물었다. "모습이 어떤 사람 같았소?" 선생이 대답하여 말하였다. "그는 틀림없이 흉한 사람인 듯 합니다." 이공수가 한참 있다가 말하였다. "이 사람은 반드시 탑사첩목아塔思帖木兒라고 부르는 덕흥군德興君일 겁니다." 그러자 선생은 비로소 덕흥군이 찾아와 자신을 회유하려고 한 것임을 알았다.

처음에 최유崔濡가 원나라로 도망하여 원의 황제 및 황후 기씨奇氏에게 거짓말 하며 본국을 모함 했다. 즉 고려왕을 폐하고 그대신 덕흥군을 세워 왕으로 삼으려고 했다. 원나라에 가 있던 고려사람들을 모두 덕흥군에게 회유하려고, 혹은 관직을 가지고 꾀고, 혹은 뇌물을 먹었다. 그러나 오직 선생이 강직한 것을 꺼려 덕흥군에게 시험해 보게 했으나, 끝내 자기들 뜻을 이룰 수 없다는 것을 알았다. 그래서 원나라 황제에게 참소하여 말하였다. "문아무개는 신진新進이지만 강직한 선비입니다. 절대 따르려고 하지 않을 것이니, 특별히 위세로 제압을 해야 합니다. 다른 사람들이 어명御命에 대해서 이럴까 저럴까 하고 우물거리게 해서는 안 됩니다." 황제는 그렇게 하겠다고 말하였다.

이 때에 원나라의 사신으로 고려에 갔던 이가노李家奴가 고려 왕의 인장印章을 몰수해 가지고 돌아왔다. 황제는 탑사첩목아 덕흥군을 세워 고려 왕으로 삼고, 기삼보奇三寶란 천한 자를 원자元子로, 김용金鏞을 삼사판사三司判事로 하고, 최유는 스스로 좌승상左丞相이 되었다. 원나라에 있던 고려 사람들을 모두 덕흥군의 가짜 정권에 임용해서 일을 보게 했다.

선생이 따르려고 하지 않자, 황제가 선생을 불러 위엄으로 억누르며 말하였다. "요즈음 너희 나라 왕이 정치를 잘못해서 도적이 나라 안에 가득하고 백성들이 도탄에 빠져 나라가 망하려 한다. 그래서 짐이 이제 그를 폐하고 다른 사람을 왕으로 세웠으니 너희들은 다만 내 명을 따르기만 하라." 선생은 황제의 말이 끝나자마자 바로 말하였다. "하늘에는 두개의 해가 없고, 백성에게는 두 명의 군주가 없습니다." 황제가 분노하며 말하였다. "짐이 이미 조서詔書를 내렸는데 네가 거역하느냐?" 그리고는 곧 덕흥군의 옆방에 가둬 두고, 42일 동안이나 밖으로 나가지 못하게 했다. 그리고 최유는 외부 사람들에게, "문 아무개는 이미 우리 쪽 사람이 되었다"라고 선포해 버렸다. 그러자 선생은 비로소 최유

한테 참소 당한 것을 알고 크게 분노하여 말하였다. "만고에 참소 잘하는 역적 최유가 본국을 해치려 덕흥군에게 협조하고 원나라 황후 뜻에 영합하여, 거짓으로 황제의 명령이라 하고는 재신宰臣들과 결탁하여 우리 나라 사람들을 속여 꾀이는 것이 이런 지경에까지 이르렀구나. 내 차라리 죽을지언정 어찌 그 놈의 꾀에 말려 들겠는가?" 최유는 선생을 굴복시킬 수 없음을 알고, 덕흥군과 도모하며 말하였다. "무릇 사람은 오래 욕을 보게 되면 원한이 생기고, 비방이 쌓이면 원수가 되는 법이니, 빨리 해치우는 것이 제일 낫겠습니다. 이제 만약 저 자가 당을 맺어 무리들과 연합한다면, 그때엔 후회해도 어떻게 할 수 있겠습니까?" 그러나 덕흥군은 나쁜 이름이 나는 것을 싫어하여 말렸다. 그리고 황제에게 말하였다. "문아무개는 타이를 수는 있지만 억눌러서는 안 됩니다."

황제는 그의 말을 따라, 선생에게 일을 보도록 명했고, 선생은 구류를 면할 수가 있었다. 그리고 바로 간원諫院으로 가서 말하였다. "나는 고려의 정언正言이오. 비록 큰 나라에 와 있지만 어찌 잘못을 바로잡아 말해야 할 책임이 없겠소?" 그리고는 위조한 황제의 명령서 및 회유하는 글 수십 여 통을 모두 불태우고, 사태에 대해 논하는 글을 황제에게 올렸는데, 황제를 설득하기 위해서였다. 황제가 그 소식을 듣고 마음으로 퍽 가상히 여겼다. 이미 덕흥군을 세워 왕으로 삼아 요양遼陽 땅의 군대를 출동시켜 보냈던 때였다.

어떤 사람이 선생을 위해, "이로울 것이 없다"고 말하며 걱정하였다. 선생은 더욱 소신을 굳게 가져 굽히지 않았다. 선생이 아직 글을 올리지 않고 있는데, 황제가 불러 타일러 말하였다. "너희 임금은 황음荒淫하여 법도가 없다. 그래서 짐이 그를 폐위시키고 다른 사람을 왕으로 세운 것인데, 네가 어찌 그렇게 말이 많으냐?" 선생이 대답하였다. "미친 사내의 말이라도 성인聖人께서는 가려 취하신다고 하셨습니다. 폐하께서는 유념하시어 신의 의견을 채택하여 주십시오. 신은 작은 나라의 신진新進으로 외람되이 천자의 정원에 서 있습니다. 폐하가 비록 위엄을 풀어 용안龍顏을 뵈올 기회를 주셔서 제가 올리는 말씀을 들으신다 하더라도, 신은 자연히 두려워 몸이 움츠려지는 것을 견디지 못할 것입니다. 하물며 뜻하지 않게 갑자기 천둥과 같은 화를 내시는데 그렇지 않겠습니까? 폐하께서는 거짓을 꾸며 남을 헐뜯는 사람의 말을 지나치게 들으신 나머지 아무런 죄도 없는 임금을 폐위시키려고 하십니다. 실정을 아뢰며 진실을 보이지 못하게 하고 있으니, 신은 이제까지 원통함을 품고 답답함을 참아 왔는데, 죽을 곳을 알지 못하고 있습니다. 폐하께서는 거짓을 꾸며 남을 헐뜯는 역적 한 사람의 목을 아깝게 여기시다가 천하후세의 비방거리가 되지 않기를 바랍니다." 황제는 얼굴빛을 가다듬어 신중한 태도로 말하였다. "너의 말은 진실로 충성스럽다만, 백성들을 위한 계책은 어떠한가? 짐의 뜻은 이미 결정된 것이니 너는 말하지 말라." 선생이 다시 말하였다. "성인께서 말씀하시기를, 평범한 한 사나이의 굳은 뜻도 뺏을 수가 없다고 하였습니다. 신이 비록 말을 않는다 하더라도 본국에는 신과 뜻이 같은 사람이 많이 있습니다. 만약 한번 명을 거역한다면 폐하께서 비록 편히 주무시고자 해도 어떻게 가능하겠습니까?" 황제가 화를 내며 말하였다. "네가 이럴 수 있단 말이냐?" 그리고 조서를 받아들이라고 명했다. 선생은 손으로 땅을 짚고 말하였다. "임금과 신하 사이의 의리는 천지와 같이 분명하고, 군주를 배반하여 역적을 따른다는 것은 사람으로 부끄러운 것이니, 신은 비록 죽는다 하더라도 감히 명을 받들지 못하겠습니다." 이 말을 들은 황제가 크게 노해서 말하였다. "너는 변방 속국의 지체 낮은 신하로서 천자의 명을 쫓지 않는데, 네가 살자고 한들 살아 날 수가 있겠는가?" 선생이 화난 목소리로 진언하였다. "의리상 두 임금을 섬기지 않는다는 것이 옛 사람의 가르침입니다. 옛날의 주周나라 무왕武王은 성인聖人이고, 강태공姜太公은 현인이었는데, 함께 모질고 무도한 군주 주왕紂王을 정벌하였습니다. 그러나 백이伯夷, 숙제叔齊는 말의 고삐를 잡아 당겨 멈추게 하며 그러지 말라고 충고 하였는데도, 후세에서는 그 일을 칭찬하였습니다. 현재 우리나라 왕은 지금까지 상商나라 주왕紂王과 같이 크게 잘못한 것이 없었고, 변방 신하로서의 예의에 어긋남이 없었는데, 폐하께서는 질서를 어지럽히는 반역자의 말에 지나치게 미혹되어 공연히 왕을 폐위시키려 합니다. 신은 백이伯夷 숙제叔齊와 같이 지하에서 놀기를 원하지, 질서를 어지럽히는 반역자와 이 세상에 서 있는 것을 원하지 않습니다. 원하옵건대 폐하께서는 먼저 신을 죽이시고 천하에 사과하소서." 황제가 더욱 노해서 선생을 사형에 처하려 했으나, 원나라 조정의 여러 신하들이 말하였다. "이 사람은 충신입니다. 용서해 주시기 바랍니다." 그러자 옥에 가두었다가, 11월에 교지 交趾로 귀양 보냈다. 원나라 조정의 여러 학사學士들이 선생의 충절忠節을 사랑하여 위로의 말을 하였다. "문공文公을 사람들이 비록 알아주지 않는다 하더라도 하늘은 반드시 구제해 줄 것입니다. 종의鍾儀는 다른 나라에 포로로 잡혀갔으나 죽지 않았고, 소무蘇武는 북해北海에서 살아 돌아왔는데, 남쪽 거친 땅인들 어떻게 신령神靈이 없겠습니까?"

이듬해 2월 귀양지에 도착했다. 그 지방 사람들이 선생의 풍모가 단정한 것을 보고 탄복하며 말하였다. "이곳은 풍토가 매우 나빠, 평소 괴상한 병이 많습니다. 군자께서 만약 병을 얻게 되면, 반드시 생명이 위태롭게 될 것이니, 부디 약을 준비하십시오."라고 말했다. 선생은 웃으며 말하였다. "내가 우리나라도 지키지 못했으니, 살아 있는 것조차 부끄러운 일입니다. 하물며 어찌 살기를 바라겠습니까? 그리고 사람의 목숨은 하늘에 달렸는데 병이 어찌 사람을 죽일 수 있겠습니까? 하늘이 나를 구해 주시지 않는다면, 나는 여기서 죽을 것이고, 하늘이 구해 주실 것 같으면 나는 반드시 살아서 돌아갈 것인데, 무슨 두려움이 있겠습니까? 그러니 그대들은 다시 나를 흔들리게 하지 말기를 바랍니다." 선생은 항상 『주역周易』과 예법禮法에 관한 책을 읽으면서 스스로

울분을 풀었다. 얼마 있으니 거처하는 곳에 자연히 샘이 솟았는데, 물맛이 달고도 시원하였다. 그 물을 마시면 심신이 상쾌하게 되었다. 그 지방 사람들이 그 물을 마시면 오래된 병도 낫는 것이었다. 그러자 원근의 사람들이 다투어 와서 그 물을 길어 가면서 말하였다. "문공文公은 하늘이 아는 분이다."

황제가 요양으로 보낸 군대가 패했다는 소식을 듣고 탄식하며 말하였다. "내 무슨 얼굴로 다시 문아무개를 볼 수 있겠는가?" 그리고는 곧 돌아오도록 명을 내렸다. 선생은 3년 뒤 가을에 귀양살이에서 풀려 돌아왔으니, 곧 병오년(1366) 9월이었다. 처음 선생이 교지交趾에 도착했을 때, 함께 이야기를 나눌 만한 사람이 없었다. 다만 학사學士 달성귀達成貴라는 사람이 찾아와 따랐다. 사람이 매우 단아端雅하고 글도 넉넉했다. 선생은 그를 매우 정성스럽게 대하고 같이 많은 것을 토론했다. 이 때문에 선생은 운남雲南 지방의 이야기를 많이 알 수 있었는데, 손수 그것을 기록하여 『운남풍토집雲南風土集』이라 이름을 붙였다. 달씨達氏는 선생이 복권되어 돌아가게 되었다는 소식을 듣자, 바로 찾아와 위로하고 축하하며 시 한 수를 지어주었다. 그 지방 사람들은 경계까지 나와 전송하는 사람들이 많았다.

그리고 선생은 원나라 수도로 출발했다. 도중에 밭 가운데에 꽃이 하얗게 눈처럼 피어 있는 것을 보고 매우 기이하게 여겼다. 따라 다니던 김용金龍에게 그 꽃을 따게 하자, 갑자기 한 노파가 나타나 다급한 소리로 소리쳤다. "당신은 어느 나라 사람인데 엄하게 금지하는 이것을 따는 것입니까? 만약 관청에서 알게 되면 당신과 내가 다 같이 벌을 받게 됩니다." 그리고는 재빨리 와서 빼앗다가 선생의 위엄 있는 풍모를 보고는 자신도 모르게 넋을 잃고 말하였다. "이것은 목면화木棉花로 나라에서는 법으로 매우 엄하게 금하기 때문에 다른 나라에서는 이것이 있는 줄을 알지 못합니다. 어른께서 이것이 욕심난다면 몰래 감춰서 수색 당하지 않게 하십시오." 선생은 그때 '목면화 꽃이 금강錦江(중국 사천성의 강)의 서쪽에 피었네[木棉花發錦江西]'라는 옛 시 구절을 가만히 생각하고서 바로 이것이 목면이라는 것을 알았다. 붓대롱 속에 씨앗을 숨겨 가지고 왔다. 12월에 원나라 수도인 연경燕京에 도착했다. 황제가 만나보고 극진히 위로하며 뉘우치고 깨달은 뜻을 보이고, 다시 예부시랑禮部侍郞 어사대부御史大夫에 임명하면서, 장차 크게 등용하려고 하였다.

다음 해 정월에, 선생은 여러 번 황제에게 글을 올려 몸을 자유롭게 해 줄 것을 요청했으나, 황제가 허락하지 않았다. 늙은 어버이가 고향에서 간절히 기다리고 있는 사정을 지성으로 아뢰었는데, 말의 뜻이 간절하고 측은하였다. 황제는 가엾게 여겨 허락해 주고, 좋은 말과 황금을 하사하고, 예부禮部에 명해서 예의를 충분히 갖추어 행장을 꾸려 전송하도록 했다. 당시 원나라 조정의 여러 선비들은 선생이 떠나는 것을 아쉽게 여겨 송별연送別宴에 나와 시를 지어 주었다. 선생이 그것에 화답和答한 것을 합쳐 한 권의 책이 되었다.

그해 2월에, 선생이 개성開城에 도착하니, 왕이 칭찬하고 탄복하여 마지않았다. 중현대부中顯大夫 예문관藝文館 제학提學 겸 지제교知製敎에 임명하였다. 오래되지 않아 휴가를 얻어 고향으로 돌아와 어버이를 뵈러 갔다. 선생이 어버이를 모심에 정성을 다하였는데, 집에 있을 때는 잠깐이라도 어버이의 옆을 떠나지 않았고, 벼슬자리에 있을 때는, 자주 뵈러가지 못하는 것을 한탄하였다. 이 때에 이르러 만리 다른 나라에서 5년 만에 돌아왔으니, 오직 돌아가 부모님 얼굴 뵙고자 하는 마음이 제일 급했다. 아는 사람들은, 선생은 근심 속에 있거나 부귀 속에 있거나 효도를 다하는 사람이라고 생각하였다.

　선생은 목면 씨를 화단에 심었는데, 토질이 마땅치 않을까 염려가 되어 결국은 건조한 땅과 습한 땅에 나누어 심고 온갖 방법으로 마음을 써서 키웠다. 그러나 아직 재배 기술을 완전히 깨우치지 못했기에 처음에는 잘자라다가 뒤에는 시들어 버리고 말았다. 살아 남아 있었던 한 그루가 3년이 되자 번성했는데, 그 꽃받침은 다섯 가지 빛깔을 갖추고 꽃의 털은 하얀 눈과 같았다.

　원근의 사람들이 다투어 찾아와 즐겨 구경하였는데, 그 사람들이 각기 씨를 얻어다가 심으니 목면은 한 마을로부터 한나라에 두루 퍼져, 그 이로움을 넓혀 나갔다. 그러나 목면을 실제로 이용할 기계를 알지 못해서 사람들이 다 손으로 그 씨를 제거하였다. 마침 원나라의 장蔣씨 성의 승려가 우리나라 산천이 기이하고 대단하다는 것을 듣고 동쪽으로 와서 유랑하다가 영남嶺南에 이르렀다. 그는 외국의 물산物産을 모르는 것이 없는 사람이었다. 그가 목면화를 보고는 놀라 말하였다. "이것은 남쪽 땅의 산물이지 동쪽 땅에서는 나는 것이 아닌데, 어떻게 이곳에 이렇게 번성해 있는 것인가?"

그는 선생의 장인인 정천익鄭天翼 공의 집에 유숙하면서, 씨를 빼는 수레를 만들어 공개하여 보였다. 그 후에 선생의 손자인 문래文萊가 실 뽑는 수레를 만들었고, 문영文英은 무명베 짜는 방법을 마련했다. 그래서 뒷사람들은 실을 뽑는 기구를 문래라 부르고, 배를 짜서 한 필이 된 것을 문영(무명)이라고 하여 드디어 우리나라의 말로 표현하게 되었다.

겨울에 성균관成均館 학관學官에 선발되었다. 전에 국가가 신축(1361)년에 병화兵禍를 입은 이후 학교가 황폐되었다. 이 때에 왕은 학교의 부흥에 관심을 두어, 성균관을 창건하였다. 강의하는 학관이 부족했기 때문에, 당시 큰 학자들 곧 정몽주鄭夢周, 김구용金九容, 박상충朴尙衷, 박의중朴宜中, 이숭인李崇仁 등을 모두 선발하였다.

다음 해 정월, 예문관藝文館 제학提學 겸 성균관成均館 사성司成이 되었다. 그 때 목은牧隱 이색李穡이 성균관의 대사성大司成을 겸하고 있었는데, 공이 깊은 의미를 강론講論하는 것에서 여러 다른 학자들이 미치지 못하는 것을 보고 자주 칭찬하며, "문일신文日新이 어려운 것을 풀이하니 그 미묘한 말과 깊은 뜻은 이치에 닿지 않는 것이 없다"고 하며, 우리나라 성리학의 으뜸으로 추앙

했다.

기유(1369)년 가을에, 부친상을 당하여 묘소 옆에 움막을 짓고 3년동안 상주로 지켰는데, 상례를 치르는 예법은『주자가례朱子家禮』를 따랐다. 신해(1371)년에 삼년상三年喪을 마쳤다. 임자(1372)년에 병이 나서 거동할 수가 없었다. 그러나 책을 항상 좌우에 펼쳐 놓고 베개에 기대어 읽었다. 평소『대학大學』과『주역周易』을 더욱 깊이 공부하였다.

계축(1373)년에 목은 이색의 추천으로 성균관 대사성에 임명되었으나, 병으로 취임하지 못했다. 을묘(1375)년에 중현대부中顯大夫 좌대언左代言 우문관右文館 제학提學 겸 지제교知製教에 임명되었다가, 그 해 겨울에는 청도군수로 좌천되었다. 당시 북원北元이 사신을 보내 조서詔書를 전했는데, 그 내용에 오만한 말이 있었다. 권신 이인임李仁任이나 지윤池奫 등은 다시 원나라를 섬기고자 하여, 그 사신을 맞이해야 한다고 주장하였다. 선생은 정몽주, 김구용, 박상충 등 십 여 명과 함께 항의하는 상소를 올려 원나라 사신을 물리칠 것을 요청하였는데, 말이 매우 간절했으나, 왕이 받아들이지 않았다. 대간臺諫들이 논의하여 탄핵하자, 지윤과 이인임은 대간들이 대신大臣을 탄핵彈劾하는 일은 작은 과오가 아니라고 주장하며 모두 옥에 가두었다. 그리고 선생을 청도군수로 내쫓고, 정몽주는 언양군수彦陽郡守로 내쫓았다. 그 밖의 다른 사람들은 곤장을 쳐서 먼 고을로 귀양 보냈다. 선생은 유배길에 한주韓州에서 목은牧隱을 방문했다. 당시에 목은은 병으로 벼슬자리에서 물러나 요양하고 있었는데, 목은이 시를 지어 주며 전별했다.

병진(1376)년에 사면을 받았다. 당시에 왜구들이 크게 몰려와서, 영남지방의 바닷가 고을들은 함락되었고, 백성들이 피난가는 등 소동이 있었다. 조정에서 이를 걱정하여, 특별히 선생에게 그곳의 공무公務를 맡아 처리하도록 허락했다. 겨울에 모친상을 당하여 3년간 묘소 곁에 움막을 짓고 지켰는데, 상례喪禮를 치르는 예법禮法은 모두 지난번 부친상 때와 똑같이 하였다.

정사(1377)년 봄에, 왜구들이 나라 안에 가득해 사람들이 다 도망하고 숨는 바람에 고을 안이 텅 비었다. 선생은 홀로 상복을 입고 소리를 내어 울며 영전靈前에 제물 올리는 것을 평상시와 같이 하고, 죽더라도 그 곳을 떠나지 않겠다고 맹세하였다. 왜구들도 감탄을 하여, 감히 가까이 가지 못하였다. 나무를 깎아 "효자를 해치지 마라[勿害孝子]"라는 네 글자를 써서, 묘소로 가는 길에 세워 놓고 물러갔다. 돌아가신 분을 모신 빈소殯所가 화를 면했을 뿐만 아니라, 강성江城 고을이 그 덕을 입어 모두 온전할 수 있었다. 고을 사람들이 늘 선생을 곁에서 모시고 떠나지 않았다.

무오(1378)년에, 우리 조선 왕조의 태조太祖께서 선생을 찾아와 만났다. 그 때 태조는 이미 2품이었는데, 남쪽으로 내려와 왜구들을 막고 계셨다. 태조가 나라의 당면한 일에 대해 물으며 말하였다. "왜적들이 백성들을 해친 지가 이미 서너 해가 지난 까닭에, 호남과 영남 땅은 우리 나라가 아닙니다. 유독 공公이 사는 강성현江城縣 한 곳만은 감히 접근하지 못하여 화를 면할 수가 있었는데, 어찌하여 그런 것입니까? 원컨대 공께서는 국가를 위하여 숨기지 말고 말씀해 주십시오. 내 지금 왜구들을 막아내는 데 좋은 계책을 얻지 못하고 있습니다."

선생께서는 사양하여 말씀하였다. "나는 가난한 선비인데, 어떻게 병법에 대해 알 수가 있겠습니까? 그러나 장군이 지체 있는 집안의 자제子弟들 가운데 포로가 된 자들을 불쌍하게 여기시고 계신데, 만약 수 천 냥을 내어 간첩을 이용하여 돌아오게 하신다면, 적의 사정을 알 수 있을 것입니다. 왜적을 쳐부수고 백성을 편안하게 할 수 있는 길이 혹 그 가운데 있을 것 같습니다." 태조께서는 기뻐하며 말씀하셨다. "공의 말씀을 들으니 왜적을 반드시 물리칠 수 있겠습니다." 그리고는 곧 작별하고 떠났다.

태종太宗에게 말씀하셨다. "문공文公은 정말 의리 있는 선비다." 그 뒤 태조께서 선생의 말씀대로 해서, 생포된 포로를 많이 얻게 되어 왜적의 허실을 알지 못하는 것이 없었다. 과연 경신(1380)년에 운봉雲峰에서 대첩을 거두게 되었다.

겨울에 상喪을 마쳤다. 기미(1379)년에는 병이 나서 문을 닫고 밖에 나가지 않았다. 그때 간악한 신하가 제 마음대로 명령을 내리고, 승려들이 멋대로 설쳤다. 선생은 세상에 뜻을 펼치지 못할 것임을 스스로 짐작하고, 숨어 살려는 생각을 했다. 바깥 세상의 일은 듣지 않고, 병든 몸을 애써 회복하여 경학經學에 침잠하며 스스로 사은思隱이라는 호를 사용했다.

선생은 일찍이 개연히 탄식하며 말하였다. "옛 사람은 선비가 일 없이 세월을 보낸다면 천지간의 한 마리 좀 벌레 같다고 하였는데, 내게는 여전히 시대를 구제할 힘이 없지만, 어떻게 세상을 구제할 책임이 없겠는가?" 그래서 끊어진 학문을 이어지게 하고, 옳지 못한 도道를 배척하는 것을 자신의 임무로 삼았다. 날마다 정자程子나 주자朱子의 글을 읽으며, 고려高麗의 잘못 물들어진 풍속을 계혁하려고 하였다.

계해(1383)년 봄에, 조정에서 선생이 사는 마을 입구에 정표旌表를 세웠다. 그때 우리 태조太祖는 동북면병마지휘사東北面兵馬指揮使로 선생의 효행을 왕에게 이렇게 아뢰었다. "지금 상례 제도가 무너지고 풀어져 비록 이름 있는 사대부라 하더라도 모두 백일 만에 탈상脫喪하여 상복을 벗습니다. 유독 문익점文益漸 만은 어머니 묘소 밑에 움막을 지어 거처하면서 슬퍼함과 예법을 모두 지켜서, 극진한 효도로 바다에 사는 왜적들도 감복시킨 적이 있습니다. 그가 풍속을 두텁게 하고 세상 사람들을 교화시킨 아름다음은, 마땅히 정문旌門을 세워 포창하라는 명이 있어야 할 것입니다." 그래서 이런 정표를 세우라는 명령이 있었던 것이다.

가을에 몇 칸의 초가를 지어 삼우당三憂堂이라 이름을 지었고, 스스로 삼우거사三憂居士라 불렀다. 선생은 세 가지, 곧 나라가 떨쳐 일어나지 못함을 근심했고, 성인聖人의 학문이 잘 전해지지 못했음을 근심했으며, 자신의 도道가 서지 못함을 근심했던 것이다. 그래서 배우는 사람들이 삼우선생三憂先生이라 불렀다.

을축(1385)년 여름에, 선생의 장남 중용中庸과 차남 중성中誠이 함께 문과文科에 급제하자 그 찬란한 명성이 크게 퍼졌다. 선생은 그 소식을 듣고도 좋아하는 빛이 없었다. 그때 급제자의 발표에 대해서 헐뜯는 사람이 있었기 때문이다. 무진(1388)년 가을에 왕의 부름을 받았다. 선생은 병을 이유로 사양하였으나 받아들여지지 않았다. 좌사의대부左司議大夫 우문관右文館 제학提學 동지서연사同知書筵事에 임명되었다. 그 때 목은牧隱은 문하시중門下侍中이 되었고, 우리 태조太祖께서는 수시중守侍中으로 계시면서 서연書筵을 열었다. 또 사헌부司憲府와 중방重房에 명령을 내려 사관史官 한 사람이 날마다 교대로 들어와 왕세자를 모시고 강의하도록 했다. 그래서 선생을 불렀던 것이고, 선생은 글을 올려 학문하는 도道를 논하였다.

기사(1389)년 8월에 탄핵을 받아 관직을 그만두었다. 그 이전에 선생은 초야에 있을 때도 항상 국가에 마음을 두었다. 비록 조정에 서게 되어도 마음속에 품었던 포부를 펼 수가 없어, 마치 가난한 사람이 돌아갈 곳 없는 것과 같은 심정이었다. 그 때 간관諫官 이준李濬 등이 사전私田은 회복할 수 없다는 내용으로 상소해서 간쟁諫諍을 했다. 선생은 이색李穡, 이림李琳, 우현보禹玄寶 등과 논의를 같이했다. 그래서 병을 핑계하여 서명하지 않았다.

다음 날 경연經筵에서, 대사헌大司憲 조준趙浚이 다음과 같이 말하며 탄핵하였다. "문익점文益漸은 본래 숨어 살던 선비로 진주 시골에서 몸소 농사를 짓고 있었는데, 전하殿下께서 현량賢良으로 불러 간대부諫大夫로 임명하여 곁에 두어 깨끗한 자문諮問에 도움이 되도록 하셨습니다. 진실로 마땅히 충성스런 말을 올리고, 다스림의 도리에 대해서 아뢰어 전하의 성스러운 다스림에 도움이 되어야 할 것입니다. 그런데 날마다 경연經筵에서 모시고 있으면서 권력에 붙어 아부하며 구차하게 받아들이고, 충직忠直한 체 하며, 윗사람의 뜻을 따라 영합만하고 간쟁諫諍하는 절조가 없이 허리를 굽히고 아무 일도하지 않으면서 하자는 대로 대답만 합니다. 요즈음은 같은 관서에 근무하는 오사충吳思忠, 이서李舒 등과 함께 각자 상소하여 지금의 일에 대해 아주 강하게 말하기로 했으나, 문익점은 봉록俸祿을 잃을까 두려워하여 한 마디 말도 하지 않았습니다. 또 같은 관서의 사람들과 연명으로 상소하여 토지제도에 대해서 아주 강하게 이야기하기로 했으나, 문익점은 권세에 아부하여 병을 핑계대고 출근을 하지 않아, 그 논의에 참여하지 않음으로서 여러 사람들의 비방을 피하려고 하였습니다. 스스로는 좋은 계책으로 생각하고 있습니다만, 위로는 전하의 사람을 알아보는 현명함에 누를 끼쳤고, 아래로는 사림士林들의 기대하는 뜻을 저버렸습니다. 그 작위爵位를 삭탈하여 시골로 추방해, 말해야 할 책임이 있는데도 말하지 않는 자에게 경계로 삼아야 할 것입니다." 그래서 선생은 결국 고향으로 돌아갔다.

경오(1390)년 8월에 좌사의대부左司議大夫 우문관右文館 제학提學 동지서연사同知書筵事 겸 성균관成均館 대사성大司成에 임명되었다. 이 때 신씨辛氏의 당파를 제거하려고 했는데, 연루된 사람이 많아 사람들이 모두 두려워했다. 이 때 목은牧隱도 탄핵되어 귀양가는 것을 면하지 못했다. 선생은 시골에 깊이 묻혀, 그대로 여생을 마치려 했다. 이미 벼슬에 임명된 것을 사양해도 받아들여지지 않아 마침내 조정으로 나갔다.

10월에 상소를 하여, 그 당시 처리해야 하는 일을 제시했는데 모두 여덟 가지였다. 그 내용은 대략 다음과 같다. "국가가 성균관成均館을 창건한 이래로 문학文學이 비로소 이루어졌다고 말하지만, 시행할 수 있는 것이 없습니다. 그래서 아는 사람은 지혜롭지만, 알지 못하는 사람은 어리석습니다. 서울에는 오부五部에다 각각 학당學堂을 세우고, 지방에는 열 집 밖에 안 되는 작은 고을이라도 향교를 두면, 문풍文風이 다시 진작되고, 교화가 이루어질 수 있습니다. 모든 상례와 제례祭禮 의식은 모두 불교의식을 숭상하여, 비록 이름 있는 사대부士大夫 집안이라도 부모의 상례를 백일 만에 바로 끝내버리는 사례가 있고, 제삿날에도 승려를 불러와 재齋를 올리고, 시제時祭 때도 종이돈을 놓았다가 제사가 끝나면 바로 불살라버립니다. 이 또한 동쪽 오랑캐의 풍속을 면하지 못하는 것으로, 옛날 훌륭한 이들의 예법이 아닙니다. 청컨대, 동쪽 오랑캐의 더럽고 속된 법은 혁파하시고, 『주자가례』에 따른 의식儀式을 세워, 가묘家廟를 지어 신주를 만들어 조상들의 제사를 받들도록 하십시오. 원元 나라를 섬길 때는 몽고의 옷을 입고, 그들의 법령을 따라 몽고인처럼 행동하여 예절이 없었습니다. 그 당시 어진 사람이나 군자다운 사람들은 슬픔이 간장肝腸으로 들어갔습니다. 지금 그렇게 한지가 백여 년이나 되었습니다. 왕께서는 어둠 속에서도 살피시어 성인聖人이 나게 하고 더러운 원나라의 풍속을 없애며, 또 어진 이를 낳아 사방의 기강을 바로잡게 하여, 성스러운 덕이 여러 나라에 미치고, 어진이의 교화가 천하에 미치게 하십시오. 엎드려 바라건대, 몽고옷을 혁파하고 중국의 제도를 따르도록 하십시오. 기강을 정리해서 국가의 체통을 세우고, 쓸데없는 관원을 걸러낸 후 뛰어나고 어진 인재를 등용하며, 의창義倉을 세워 궁핍한 사람을 구제하고, 수참水站을 세워서 조운漕運을 편리하게 하며, 세금을 적게 거둬 백성들의 마음을 기쁘게 하는 것 등이 지금 가장 긴급히 필요한 일입니다." 왕이 의견을 훌륭하게 생각하여 받아들였다.

11월에는 몸에 병이 있어, 사직하고 고향에 돌아갈 수 있도록 해달라고 요청하였다. 그때 선생을 송별하려고 조정의 인사들이 모두 나왔다. 조준趙浚도 나왔는데, 선생의 아량에 감복한 것이었다. 그때 길에서 보는 사람들 가운데 어떤 사람이 탄식하며 말하였다. "문공文公은 조정을 떠나는데, 정공鄭公은 어떻게 하려는가?" 정공은 바로 포은圃隱을 가리킨다.

신미(1391)년 2월 8일은 선생의 회갑回甲이었다. 그 당시 가문이 번성하였고 자제와 일가들 가운데 벼슬이 높은 이가 많았다. 잔치자리를 번갈아 베풀어 모시고서 선생을 기쁘게 했지만, 선생은 홀로 근심이 얼굴빛에 나타나 있었다. 술자리가 끝난 후

집안사람들이 그 까닭을 물었더니, 선생께서는 말하였다. "밤에 하늘의 현상을 보니 별이 위치를 잃었고, 낮에 사람의 일을 살펴 보니 백성들은 자신의 일이 없다. 그런데 어찌 근심이 없을 수 있겠느냐?"

임신(1392)년에 선생은 대문을 닫고 깊이 들어앉아 있으며, 늘 탄식하며 말하였다. "하늘이 하는 일이야! 하늘이 하는 일이야! 사람이 할 수 있는 것이 없구나!" 4월에 정시중鄭侍中이 순절 殉節했다는 소식을 듣고, 하늘을 우러러 통곡하며 말하였다. "하늘이 망치는구나! 하늘이 망치는구나! 어쩌겠는가? 어쩌겠는가?" 그리하여 자리에 누워 신음하고 거동을 하지 않았다. 7월에 고려 가 망하자, 선생은 땅에 엎드려 며칠 동안 통곡한 후, 대문을 닫 고 찾아 오는 손님을 사절했다. 이후 집 밖에 나가지 않은 것이 9년이었다.

갑술(1394)년 4월에 태조太祖께서 사신을 보내 부르셨지만, 병이라 사양하고 나가지 않았다. 7월에 다시 불렀지만 벼슬하러 나가지 않았다. 사신이 돌아오자, 태조께서는 슬퍼하며 "문공文 公은 진실로 의로운 선비로다. 끝내 우리에게 굴복 하지 않는구 나."라고 말하며, 감탄하였다. 특별히 2품의 관작에 임명하고 봉 록俸祿과 상을, 조정에서 일하는 대신들의 예에 따라 지급하라고 명령을 내렸다.

같은 해에 태조太祖가 기로소耆老所에 들어갔는데, 문신文臣 가운데 관작이 2품 이상이 되고 나이가 70세 이상 되는 사람은

함께 참여하라고 명했다. 하지만 받아들이지 않았다. 기묘(1399)
년 겨울, 공정대왕恭靖大王께서 예조禮曹의 낭관郎官을 보내 문병
하셨는데, 선생은 절을 할 수가 없어 다만 감사의 말만 했을 뿐이
었다. 사신이 돌아오자, 왕이 물었다. "문공文公의 기거와 동작은
어떠한가?" 사신이 대답하였다. "신臣이 그 분의 형색形色을 보
건대, 온몸이 여위어 문답을 할 수 없었습니다." 대답을 들은 왕
은 깊이 탄식하였다.

경진(1400)년 2월 8일 선생은 살던 집에서 일생을 마쳤다. 진
성현珍城縣의 고을 관아에서 서쪽으로 5리에 있는 갈로개산(葛蘆
介山)의 유향酉向(서쪽) 언덕에 예장禮葬을 하라고 명했다. 제전祭
田을 하사하시고, 묘소 부근에 사당을 건립하고, 묘소 지키는 사
람 넷을 두게 하여 세금과 부역을 면제하고 땅 2결結을 내려 주
었다.

신사(1401)년 겨울에 태종대왕太宗大王께서는 가정대부嘉靖大
夫 의정부참지사議政府參知事 경연지사經筵知事 겸 예문관藝文館
제학提學 지홍문관사知弘文館事 겸 지춘추관사知春秋館事의 벼슬
을 추증追贈하였고, 갈충보국계운순성좌익택중광리정량공신竭忠
輔國啓運純誠佐翊澤重廣利貞亮功臣이라는 공신호를 내리며, 강성군
江城君에 봉하였고 충선忠宣의 시호諡號를 내렸다. 부조묘不祧廟
를 세우도록 하고 제전祭田 1백결結과 노비 70명을 하사하며, 정
문旌門을 세우도록 하고, 후손들에게 조세租稅와 부역을 면제 시
켜 주었으며, 자손을 등용하는 등 여러 은혜를 베풀어 구호救護하

심은 만세萬世에 더할 수 없는 은전이었다.

경신(1440)년에 세종대왕世宗大王께서 대광보국숭록대부大匡輔國崇祿大夫 의정부議政府 영의정領議政으로 벼슬을 높여 주시고, 부민후富民侯에 봉하며, 제일 으뜸 되는 큰 공을 세운 인물로 등급을 올리라고 특별히 명령했다. 정승 남지南智에게 영남嶺南 관찰사觀察使에게 명령하여 선생의 묘소에 제사를 지내게 하시며, 자손을 등용하고 후하게 은혜로 보살피는 은전을 내렸다. 정축(1457)년에 이르러 지금 임금님[世祖]께서는 친히 제문祭文을 지어 예조禮曹의 낭관을 보내 묘소에서 제사를 지내게 하시고, 제전祭田을 더 늘려 주시며, 자손을 등용하여 두터운 은혜로 보살피는 은전을 다시 내리셨다. 아! 성스러운 임금님이 다스리는 조정에서는 선생의 공을 생각하시는 것이 깊고, 후손에게 은혜를 내리신 것이 지극하다. 선생은 비록 세상을 떠났으나 은택恩澤은 없어지지 않은 것이다.

선생의 천성은 지극히 굳세고, 충효忠孝의 큰 절조節操를 지켰다. 어려서부터 학문에 뜻을 두어 늙도록 게을리 하지 않았다. 이에 성리학의 깊은 경지에 이르러 정밀하고 자세했다. 그러므로 모든 것에 대해 말하는 것이 다 알맞았다. 그러나 덕德이 높은데도 지위가 낮아 그 큰 포부를 다 펼칠 수가 없었다. 큰 어려움을 당할 때도 그 지조志操를 바꾸지 않았고 큰 정책을 세우고서도 그 공功을 차지하지 않은 것은, 평생 닦은 학문에서 나오지 않은 것이 없었다. 그러나 그것은 단지 타고난 자질 때문만은 아니었다. 선생은 자신을 단속하는 것은 검소함으로 하고, 사람을 가르칠 때는 부모에 대한 효도와 형제에 대한 우애를 으뜸으로 삼았다. 물러나 있을 때는 자신의 학문을 걱정하고, 나아가서는 나라를 걱정하였다. 학교를 건립해서 옛날 어진 임금의 법도를 회복하도록 하고, 상례喪禮와 제례祭禮의 법을 바르게 하는 데는 『주자가례朱子家禮』의 법을 따랐다. 의관衣冠의 제도를 고쳐 명明 나라의 제도를 따를 것을 요청했다. 이런 것은 선생께서 한 일 가운데 큰 것이다. 하물며 또 목면木綿이 사람들의 일상생활에 도움을 주는 것이 끝이 없음은 말할 것도 없다.

우리 거룩한 왕조의 운명이 열리기 시작했던 처음에, 의관문물衣冠文物이 밝게 빛날 수 있게 된 것은 실로 여기에서 말미암은 것이다. 거룩한 왕조에서 선생을 포창하고 높이며 자손을 너그러이 등용했음은, 어떻게 쓸데없이 한 일이겠는가?

불초不肖한 나는, 역시 조상의 은덕으로 외람스럽게도 사헌부司憲府의 관원이 되었는데, 타고난 바탕이 둔한데다가 학술學術을 익히지 못하여 인재로 인정받지 못하고 버림을 받았다. 거룩한 임금님이 다스리는 시대의 바라는 바를 저버린 것이 되었을 뿐만 아니라, 특히 선대의 가문을 욕되게 하였을 따름이다.

아! 지난 신사辛巳(1461)년 겨울에 3종형 아무개와 함께 서울로부터 진성珍城으로 선대의 묘를 살피러 가다가, 종가宗家에 들러서 선대께서 남기신 것들을 두루 보았다. 병오(1426)년에 불타고 남은 것도 상당히 흩어져 있었다. 이에 나는 세월이 오래 될

수록 더 없어질 것이 염려되어, 분수에 넘치는 짓이라는 것을 생각하지 않고, 여기저기서 찾아 편집하고 보고 들은 것을 서로 참고하여, 약간의 말을 기록해 이 뒤에 이어서 지을 사람을 기다린다.

천순天順 갑신甲申(1464)년 월 일에, 증손 사헌부司憲府 감찰監察 치창致昌이 삼가 짓는다.

2. 조식의 「삼우당문공묘사기三憂堂文公廟祠記」
(『南冥集』 補遺)

고려 좌사의대부左司議大夫 문선생[文公]의 묘는 강성현江城縣 북쪽 갈로개산葛蘆介山에 있다. 건문建文 2년(1400)에 조정에서 명하여 예장禮葬한 것이다. 장례를 치르고 나서는 묘소를 수호할 민가民家를 두었다.

선생의 이름[諱]은 익점益漸이고, 자字는 일신日新이며, 본관은 강성江城이다. 어려서부터 학문을 좋아했고 행실이 훌륭하였다. 지정至正 연간 경자庚子(1360)년에 과거에 급제하였다. 여러 벼슬을 거쳐 우문관右文館 제학提學에 올랐다. 우리 조선朝鮮에 이르러, 태종대왕太宗大王께서 선생의 공훈功勳과 행실을 아름답게 여겨 참지의정부사參知議政府事 예문관藝文館 제학提學을 추증追贈하시며, 강성군江城君에 봉하시고 충선忠宣의 시호를 내려 주셨다. 세종대왕世宗大王께서도 특별히 벼슬을 높이시고, 부민후富民

后에 봉하셨다.

이른바 공훈과 행실이라하는 것은, 지정至正 연간에 서장관書狀官으로 원나라에 갔다가 나라 일의 어려움을 만나 남쪽 오랑캐 땅으로 귀양을 간 것을 가리킨다. 3년이 되어서야 풀려 돌아왔는데, 도중에 목화가 유용하게 쓰일 것을 알고는, 엄중히 금하는 것을 돌아보지 않고 남몰래 감추어 가지고 왔다.

그리고 우리나라에 퍼뜨려, 온 백성이 만세토록 혜택을 입게 한 것이 그 공이라 부르는 것이니, 어찌 공이 적다고 하겠는가? 그러나 선생의 충절이 중국 천자天子를 노하게 해서, 월남越南으로 가게 되지 않았더라면, 어떻게 그 씨앗을 바다 밖으로 옮길 수 있었겠는가? 한 나그네 몸으로 나라를 지키고 백성들에게 혜택을 줄 수 있는 이런 일을 한 이를 나는 선생에게서 보았다. 얼마나 위대한가? 우리 조선朝鮮에서 특별히 은혜로 명을 내려 포창한 것은 마땅한 일이다. 천순天順 5년(1461) 도천道川에 사당을 짓고 춘추春秋로 제사를 올리게 되었는데, 이 또한 임금님이 특별히 명하여 고을사람들이 그렇게 한 것이다.

선생은 어버이를 섬김에 효도를 다하여 일찍이 잠시라도 곁을 떠난 일이 없었으니, 비록 벼슬자리에 있다 하더라도 한 해에 두 번 휴가를 얻지 못하는 것을 걱정하였다. 그 멀고 먼 만 리의 거친 땅에서 3년을 있다가 돌아오게 되었을 때 돌아가 부모님을 뵙는 일을 급선무로 삼았다. 그래서 원나라 조정에서 사직한 것은, 관직을 임명받은 지 10여일이고, 본국에서 휴직한 것은, 관직을 받은 지 닷새가 채 되지 않았을 때였다.

그 당시 선생을 아는 사람들은, 선생이 어버이를 섬기는 마음은 우환이나 부귀 속에서도 잊지 않았다고 생각했던 것이다. 그 뒤 모친상을 당했을 때 상복을 입으면서 묘소에 움막을 짓고 여묘살이를 하고 있었는데, 왜구들이 멋대로 날뛰어 사람들이 모두 도망하고 숨었으나, 선생은 상복을 입고 통곡하며 평소와 같이 음식을 올렸다. 왜적들도 감탄하여 나무를 깎아 "효자를 해치지 마라[勿害孝子]"라는 네 글자를 써 놓고 떠났다. 이것은 곧 홍무洪武 16년(1383)에 빗돌에 새겨 포창하도록 한 일이다. 만년에 고려의 운수가 다하려는 것을 알고는, 병을 핑계하고서 벼슬하지 않고 고향집에 물러나 있었다. 늘 효도하고 우애하며 충성하고 신의를 지키라고 말하는 글을 읽었다.

신라新羅와 고려高麗 때 비록 설홍유薛弘儒와 최문헌공崔文憲公이 있어 학문을 세워 일으켰지만, 말기에 이르러서는 학문이 파괴되어 점차로 쇠망해지고 학교가 무너져 세상 사람들이 모두 불교佛敎를 믿게 되었다. 그래서 우리 동쪽 나라에 전해졌던 성인聖人의 학문이 거의 다시 흥성하지 못하였다. 선생은 홀로 이것에 대해 슬퍼했다. 그래서 선생은 학문에 힘써 뒤의 학자들이 갈 길을 알려 주었다. 선생은 스스로 삼우거사三憂居士라 불렀다. 선생의 세 가지 걱정이란 것은, 나라가 떨쳐 일어나지 못함을 걱정하고, 성인聖人의 학문이 전해지지 못하는 것을 걱정하며, 자신의 도가 서지 못하는 것을 걱정한다는 것이다. 뒤에 비록 한번

나왔지만, 대개 어떤 일을 하는 것이… [이하 원문 누락]

조식曹植은 짓는다.

3. 이황의 「전조고좌사의대부문공효자비각기前朝故左司議大夫文公孝子碑閣記」(『退溪先生文集』 卷四十二)

강성현江城縣 남쪽 배양산리培養山里는 전 왕조에서 좌사의대부左司議大夫를 지낸 돌아가신 문선생[文公]이 옛날 살던 터다. 마을 가운데 효자비가 있는데, 홍무 16년 계해(1385)년에 조정에서 명해서 선생의 효행을 포창한 것이다. 처음에 선생이 모친상을 당해 상복을 입고 산속에 있었는데, 왜구들이 사방에 가득하였다. 그들이 지나가는 곳은 잔인하게 살육을 하니, 백성들이 도망하여 숨었다. 그래도 선생만은 상복喪服을 입고 제물을 올리며 묘소 앞에 엎드려 통곡하며 맹세코 그 자리를 떠나지 않으니, 왜적들이 감탄하여 효자라 칭찬하고는 해롭게 하지 않았다. 그래서 모친의 신주는 참혹한 화를 면할 수가 있었다.

선생의 이름[諱]은 익점益漸이고, 자字는 일신日新이며, 강성현江城縣 사람이다. 행실이 올바르고, 또 학문으로 세상에 이름을 날렸다. 지정至正년간 경자(1360)년에 과거에 합격하였다. 여러 벼슬을 거쳐 좌사의대부左司議大夫, 우문관右文館 제학提學에 올랐다가, 고향의 집으로 물러나서 생애를 마쳤다.

우리 조선조朝鮮朝가 되어 태종대왕太宗大王께서는 추가로 선생의 공적과 행실을 기려 특별히 선생에게 참지의정부사參知議政府事 예문관藝文館 제학提學을 추증追贈하고, 강성군江城君에 봉하였으며, 충선공忠宣公의 시호諡號를 내렸다. 이른바 공의 공적이라 하는 것은, 지정至正 갑진(1364)년에 사신으로 원元나라에 갔다가, 나라의 일로 남쪽 오랑캐 땅으로 귀양을 간 후, 석방되어 돌아올 때 길에서 목면 씨앗을 얻었는데, 백성들을 유익되게 하는 일을 시급하게 생각하여 금지하는 것을 무릅쓰고 가지고 온 것이다. 주머니 속에 넣어 가지고 온 것에서 시작되어 드디어 나라 안에 크게 번식하여 만세토록 길이 힘입게 되었는데 이것이 선생의 공적이다.

하늘이 낳은 것이자 땅이 기르는 초목 같은 만물이 처음에 어떻게 모두 다른 곳에 옮겨 심은 뒤에야 있게 되었겠는가? 뽕나무, 삼, 콩, 조 등을 심는 것은 모두 백성들이 긴요하게 쓰는 것으로 땅의 성질에 맞는 것이니, 어떻게 기운 변화의 자연스러움에서 생산되지 않는 것이 있겠는가? 또 우리 동쪽 나라는 땅이 목면에 적당한 곳이나, 나라가 열린 때로부터 이후 몇 천만 년이 되도록 그것을 알지 못해 하늘이 그 이익을 낳지 못했고, 땅은 그 보배스러운 것을 일으키지 못했던 것이다. 바로 나그네 신세인 선생이 풀려 돌아올 때, 주머니 속에 넣어 가지고 온 뒤에야, 비로소 이 땅의 산물이 되어 백성들의 재물을 풍부하게 하고 나라의 쓰임을 넉넉하게 해서 여유 있지 않는 곳이 없으니, 이 또한 하나의 기이한 일이로다!

우리나라에는 뽕나무나 삼은 겨우 심기는 했지만, 실과 솜을 쓰는 것과 명주의 화려함은 민간에 보급되지 못했다. 그러니 이전에 우리나라 민간에 통용되던 것은, 털옷과 삼베. 칡베 등의 종류에 불과할 따름이었다. 이때에 이르러 선생의 식견과 생각의 원대遠大함으로 인해서, 이 면화가 나라 안에 가득히 퍼져 유통되어 드디어 오곡五穀이나 육부六府와 공효功效를 함께 하게 되었다. 우리나라의 수많은 백성들이 굶주림과 추위에서 벗어날 수 있었을 뿐만 아니라, 온 나라의 의관衣冠과 문물을 환하게 새롭게 만든 것이다. 즉 우리 조선조朝鮮朝에서 특별히 총애하는 명령을 뒤쫓아 내린 것은, 분수에 넘친 은전恩典이 아니고, 마땅한 것이다.

하물며 선생의 효성은 죽느냐 사느냐 하는 경우에 이르러서도 굴복시킬 수 없는 절개가 있었으니, 곧 국조國朝의 혁명革命으로 모든 것이 바뀌는 때에도 두 마음을 갖지 않았다는 것에서 알 수가 있다. 선생이 만년에 병이라 핑계대고 벼슬하지 않았던 것은, 고려를 구해낼 수 없다는 것을 일찍부터 알고서 미리 대처한 것이다. 중간에 비록 벼슬길에 나가기는 했지만, 그것도 왕조가 바뀌기 전이었는데, 조준趙浚이 한때 애써 남의 흠을 잡는 말을 한 것이 어떻게 선생을 더럽힐 수가 있겠는가? 이런 관점에서 말한다면, 선생의 큰 절개는 여기서 더욱 잘 나타났건만, 세상에서는 혹 이것을 알지 못할까 염려가 된다.

선생의 묘소는 갈로개산葛蘆介山에 있는데, 감사監司에게 글로 호소하여 묘의 옆에다 다시 사우祠宇를 짓고 사람을 뽑아 수호하게 했다. 선생의 증손녀는 참봉 이계통李季通의 처 영인令人 문씨文氏인데, 이때 나이 96세인데도 그 일을 했다. 그 부인의 하소연하는 글을 가지고 시골 노인들과 의논하여 사우를 확장하였고, 또 제전祭田 1결結을 두도록 한 사람은 영인 문씨의 손자로 전에 훈도訓導를 지낸 이원李源 형제였고, 나라 소유의 전토田土로 제전을 더하게 해 준 사람은 현감인 성준成遵이었다.

그 후로 묘역을 위해 이리저리 노력한 사람들의 유감이 없어졌지만, 유독 비석을 세운지가 저렇게 오래 되었는데도, 그 비석을 보호할 비각이 없었다. 지금 현감인 안전安𤤴이 봄에 고을을 돌며 사람들에게 농사일을 권장하다가 말에서 내려 존경하는 뜻을 표하고 내력에 대해서 자세히 묻고 슬퍼하여 말하였다. "선세先世 현인賢人의 아름다운 행실이 그러했고, 전대前代 임금님들의 지극한 포상襃賞이 또한 이와 같았는데도, 비석이 이렇게 바깥에 서 있는 것은 곧 고을을 다스리는 자의 책임입니다." 급히 목수에게 명하고, 목재를 모아 비각 하나를 세워 비를 덮었다. 비각의 건물이 날아오를 것 같아 마을이 빛을 더하게 되었다. 비석에 새긴 글이 다시는 비에 젖고 햇빛을 받는 걱정이 없게 했으며, 우러러보는 사람들이 감탄하고 공경하며 사모하는 마음을 더욱 일으키게 되었다. 어진사람을 존경하고 풍속을 교화敎化시키는 뜻에 도움이 되는 바가 얼마나 크겠는가? 안安사또의 다스림은 진실로 근본이 무엇인지를 안다고 하겠다. 그래서 탄식하며 시종일관 사

적을 갖추어 비각碑閣의 기문記文을 지어줄 것을 청한 사람은 이
원李源이다. 그리고 전에 묘소 아래 사우祠宇에 기문을 지은이는
방장산인方丈山人 조식曺植이고, 그 뒤에 효자비각 기문을 지은
이는 퇴계노인退溪老人 이황李滉이다.

비각의 기문을 지은 해는 가정嘉靖 42년 계해(1563)인데, 비석
을 세운 뒤로 181년째이다.

4. 이덕무의 「부민후富民侯」
(『靑莊館全書』, 卷68 「寒竹堂涉筆」)

문익점文益漸의 자는 일신日新이고, 어릴 때의 이름은 익첨益
瞻인데, 진주晉州 강성현江城縣 사람이다. 고려高麗 공민왕恭愍王
9년, 원나라 순제順帝 지정至正 20년(1360)에 과거에 급제及第하
여 관직에 나왔는데, 정몽주鄭夢周와 동방급제同榜及第했다.

그는 고려 말엽에 유학儒學이 피폐해지고 불교가 세상에 유행
하는 것을 보고 원통하게 생각하고, 끊어져 가는 유학을 계승하
는 것이 자기의 책임이라 생각하였다. 정도正道를 제창하여 밝히
고 이단異端을 배척하였으며, 사람을 가르칠 때에는 반드시 충효
忠孝의 행실과 성리의 학문을 가르쳤다.

그리고 지정 24년(1364) 갑진甲辰에 좌사의대부左司議大夫로
사신이 되어 원나라에 들어가게 되었다. 그 때 마침 최유崔濡가

공민왕을 원元나라 순제順帝에게 참소하여 덕흥군德興君을 왕으로 추대하고 자기는 정승이 되고자 하였다. 그런데 덕흥군은 그때 상사上使였다. 최유가 또 문익점을 참소하며 말하였다. "부사副使인 문익점은 본디 강직剛直하기로 이름난 자로 반드시 명을 따르지 않을 것이니 폐하께서 그의 기개를 꺾어주시기 바랍니다." 그래서 순제가 익점을 불러 말하였다. "고려의 왕이 황패荒敗하고 음란하므로 짐朕이 고려 왕을 폐위시키고 덕흥군을 세우고자 하는데, 너의 생각은 어떠하냐?" 익점이 대답하였다. "임금과 신하의 의義는 천지天地 사이에 피할 곳이 없습니다. 신이 비록 보잘 것 없는 사람이오나, 감히 조서詔書를 받들지 못하겠습니다." 순제가 화를 내며 말하였다. "짐의 뜻이 이미 정해졌는데, 배신陪臣[제후 나라의 신하]이 명령을 어겼으니 그 죄는 사형에 해당한다." 그러자 중국 조정의 여러 대신들이 그를 구하려 노력해 죽음을 벗어났으나, 결국 남쪽 변방으로 귀양을 가게 되었다. 그렇게 되자 문익점이 고려로 오는 장사꾼을 통해 몰래 최유崔濡의 사건을 공민왕에게 통고하여 지정 26년(1366, 공민왕 15) 9월에 사면되어 돌아오게 되었다.

그는 돌아오는 길에, 길가 밭에 있는 풀의 흰 꽃이 솜털 같은 것을 보고 종자從者 김용金龍을 시켜 그것을 따 간수하게 하였는데, 밭주인인 늙은 노파가, "이 풀은 면화인데 외국外國 사람이 종자를 받아 가는 것을 엄하게 금지하고 있으니, 조심하여 따지 말라"라고 하였으나, 문익점은 결국 몰래 세 송이 꽃을 붓두껑에 감추어 가지고 왔다. 그리고는 단성丹城 집에 돌아와, 2월에 처음으로 씨앗 한 알을 꽃밭 두둑에 심었는데 싹이 트지 않았다. 3월에 씨앗 한 알을 심었는데 싹은 나왔으나 말라 죽었다. 4월에 씨앗 한 알을 심었더니 가을에 흰 꽃이 피었다. 이렇게 해서 3년을 지나니 마침내 크게 번성하고 불어났다.

씨를 제거하고 실을 뽑아내는 방법을 제대로 알지 못하여 손톱으로 씨를 발라내고 손으로 실을 꼬아서 썼다. 그러던 차에 어떤 원나라의 중이 우리나라에 와서 유람하다가 북도北道로부터 진주 땅 정천익鄭天翼의 집에 이르게 되었다. 그런데 정천익은 바로 문익점의 장인이다. 그 중이 들판 밭에 있는 면화를 보더니 갑자기 눈물을 흘리며 흐느껴 우는 것이었다. 그 광경을 본 정천익이 이상히 여겨 우는 이유를 물으니, 그 중이 말하였다. "고국故國의 물건이 어느 해에 이곳으로 옮겨와서 이렇게도 번성하게 되었는지 알 수가 없습니다. 고국을 떠나 이리저리 돌아다닌 지가 오래되어 고국의 물건을 보자 나도 모르게 감회에 젖어 눈물을 흘렸습니다." 그리고 그 중은 마침내 씨아와 물레를 만들어 길쌈하는 일을 가르치니, 이때부터 목화의 이로움이 온 나라에 퍼지게 되었다.

그리고 문익점은 좌사의左司議 시독侍讀으로 글을 올려 학문하는 방법을 정성을 다해 논하였다. 간관諫官 이전李塼 등이 글을 올려 사전私田을 다시 회복시켜서는 안 된다고 간쟁하려 하였다. 문익점은 당시 벼슬이 좌정언左正言으로 이색李穡, 이임李琳, 우현보禹玄寶와 함께 병을 핑계하고 서명署名하지 않았다. 그런데 대사헌大司憲 조준趙浚이 아뢰기를, "익점이 현량賢良하다 하여 불러서 간관諫官에 임명하였으니 진실로 치도治道를 진술하여 임금의 총명을 도와야 할 것인데, 도리어 재신宰臣에게 의지하고 붙어서 오로지 아첨만을 일삼으니 청컨대 그를 파직하소서"라고 하니, 전교하기를, "그리하라"라고 하였다. 그렇게 되자 문익점은 지리산智異山 속에 물러가 숨어살면서 스스로 호를 사은思隱이라 하고 생도生徒들에게 학문을 가르쳤다.

그는 어머니의 상喪을 당하여 3년간 여묘廬墓살이를 하였는데, 그때 마침 왜구倭寇들이 날뛰어 사람들은 다 숨었으나 문익점만은 상복을 벗지 않고 보통 때와 같이 상식上食을 올리면서 죽기로 맹세하고 피하지 않았다. 왜구도 그의 정성스러운 효도에 감동하여 해를 입히지 않았으므로 궤연几筵을 보존할 수가 있었다. 그 뒤에 또 삼우거사三憂居士라 자호自號 하였는데, 이것은 우리나라가 융성지 못할까 걱정하고, 성인의 학문이 전해지지 못할까 걱정하고, 자기의 도道가 확립되지 못할까 걱정 한다는 뜻이었다. 그는 명나라 고황제高皇帝 홍무洪武 16년(1383)에 별세하였는데, 신왕辛王이 안렴사按廉使 여극연呂克珚에게 명하여 그가 살던 곳에 비碑를 세워서 그의 효행孝行을 표창하였다. 그의 묘소는 단성丹城의 갈로개산葛蘆介山에 있다.

그리고 명明나라 혜종황제惠宗皇帝 건문建文 3년(1401)에 우리 태종대왕太宗大王이 그의 공적功積과 행실을 가상히 여겨 가정대

부嘉靖大夫 참지의정부사參知議政府事 갈충보국계운순성좌익택중
광리정량공신竭忠輔國啓運純誠佐翊澤重廣利貞亮功臣 강성군江城君 부
민후富民侯에 추증追贈하고 시호를 충선忠宣이라 하였다. 사당을
세우고 편액을 내려 주었다. 그리고 그 자손들에게 부역을 면제
해 주라고 명하는 한편, 제전祭田과 노비奴婢를 내려주고, 그 정
려旌閭를 내렸다. 또 세종世宗, 세조世祖, 성종成宗, 중종中宗, 선
조宣祖, 경종景宗, 영종英宗 등 역대 여러 임금님들께서 모두 그
자손에게 부역을 면제시켜 주고 면천免賤시켜 주라고 명하였다.

세조世祖 때에는 그 후손인 문천봉文天奉의 벼슬이 판윤判尹에
이르렀으나 거짓 미친 척하고 구걸 다니면서 사진仕進하지 않다
가 폄직 당하여 함흥成興에서 죽었다. 중종中宗 때에 형조참판刑
曹參判 문근文瑾, 홍문관수찬弘文館修撰 문선文璿, 생원生員 문회지
文繪地가 있었는데, 기묘년 옥사의 공사供辭에 연좌되어 다함께
고신告身(관리임명장)을 박탈당하고 고향으로 돌아가서 죽었다.
이로부터 문씨 일족이 쇠퇴하여 떨치지 못했다.

『고려사高麗史』에 "문익점은 단지 면화棉花에만 공이 있는 것
이 아니라 어두워졌던 천리天理를 다시 밝히고 식어가던 문풍文
風을 다시 떨쳤으니, 우리나라 도학道學의 종주宗主라고 할 만하
다"라고 하였다. 이황李滉이 지은 비기碑記에, "만년晩年에 벼슬
하지 않았으니, 대개 일찍 기미를 보고 미리 그것에 대처한 것이
다"라고 하였다.

임진왜란 때에 사당이 허물어졌으며 임금이 내려준 편액扁額

이 불타버렸다. 그러자 신종황제神宗皇帝 만력萬曆 40년 임자년 (1612) 광해군光海君 4년에 향리鄕里의 유지들과 도내道內의 유생 儒生들이 사당을 단성丹城의 도천道川 가에 다시 지었다. 숙종대 왕肅宗大王 33년 정해년 (1707)에 도내道內 유생인 이동직李東稷 등이 소를 올려 편액을 청하므로 예조禮曹에 명하여 임금님께 아 뢰어 처리하도록 하였다가 그대로 중지하고 시행되지 않았다.

5. 박사휘의「단성건원기丹城建院記」(『삼우당문집』)

서원書院을 세운 연대와 자리는 세대가 멀고, 여러 번 전쟁을 겪었으므로, 자세히 알 수가 없다. 옛 노인들 사이에 전해오는 바 로는 정덕正德 연간 단성丹城 고을에 벽계서원碧溪書院이 있었다 고 하지만 기록이 없어 고증하기가 어렵다.[이것은 본래 영당影堂 이었는데 후세에 서원이 된 것 같다.]

선생의 후손 문희석文熙碩이 기록한 것을 가지고 고찰해 보면, 선생의 서원은 함양咸陽의 벽계碧溪에 있었던 것으로 되어 있다, 또 문윤명文允明이 임금님께 올린 글을 고찰해 보면, 그 가운데, "선생의 행장行狀이 함양 벽계서원碧溪書院에 있었습니다"라는 구절이 있는데, 그 말은 과연 흘러 전해오는 말과 부합된다. 그러 나 이제 함양의 산수山水를 살펴보면, 벽계碧溪라는 이름으로 부 르는 곳이 없다. 다만 함양 고을의 다스리는 지역이 조금 달라져,

이 단성 고을이 옛날 함양군에 속했기 때문에 그렇게 말한 것이 아니겠는가? 이 단성 고을에는 벽계산碧溪山이 있고, 또 이 단성 고을에는 옛날부터 지금까지 뛰어난 현인賢人이 없었는데, 오직 선생만 계셨으므로 옛날에 반드시 사당祠堂이 있었을 것이다. 선생의 서원이 단성 고을 벽계碧溪에 있었던 것 같지만, 상세한 증거가 없어서 이제 감히 바로 지정하지 못한다. 그렇지만 선생은 큰 현인賢人으로 역대 여러 거룩한 임금님들의 학문을 숭상하는 시대를 거쳤는데, 유독 서원이 없었다는 것은 있을 수가 없는 일이다. 옛날에는 비록 아는 이가 있었을지라도, 이제 와서는 아는 사람이 없다. 증명할 글이 없으니, 어찌 애석하지 않겠는가?

가정嘉靖 43년(1564)에 고을의 선비들이 글을 올려 도천 위에 다시 서원을 지었으나, 임진왜란 때에 전화戰火로 불탔다. 난리가 평정된 만력萬曆 48년 경신(1620)에 고을의 어른들이 관찰사觀察使에게 하소연하고, 도내의 선비들이 사전에 도모하지 않고서도 뜻이 서로 같아 옛 터에 다시 지었다. 그 자리는 지금 서원 터의 동쪽 산기슭이다. 지형이 경사져서 서원이 오래도록 온전하게 있기 어려울 듯했다. 그래서 천계天啓이후 52년 임자(1672)에, 지금 있는 사당의 터로 옮겨지었다.

서원 건립의 유래에 관계된 옛날 책은 불에 타 없어지고 남아 있지 않다. 다만 고을 어른들이 올린 글의 기록에 따라, 가정嘉靖 연간 이후의 알려져 있는 연대와 터를 자세히 기재記載하여, 차후에 옛날 일을 널리 아는 군자君子가 나오기를 기다릴 따름이다.

승정崇禎 이후 세 번째 병술(1766)년 월 일에, 고을의 후학後
學 박사휘는 기문記文을 짓는다.

6. 오우상의 「성덕재기盛德齋記」(『삼우당문집』)

성덕재盛德齋는 단성丹城 도천서원道川書院의 강당이다. 서원
은 고려조高麗朝의 학자 충선공忠宣公 문선생文先生을 위해 설립
한 것이다.

우리나라는 바다 밖에 있어, 문명이 트이지 않은 태고시대인
단군檀君 때는, 백성들이 새처럼 옮겨 다니면서 살았다. 농사짓고
누에 치고 정전법井田法을 시행한 일 등은 기자箕子 때부터 시작
되었는데, 기자는 우리에게 중국中國의 문명을 보급해 주었다. 우
리나라 땅에서 생산되는 것은 삼베와 흰 모시였는데, 삼베는 더
울 때 입는 옷을 만드는 데 쓰이고, 비단은 천한 사람이 입을 수
없는 것이다. 그런데 나라의 풍속은 그 당시까지는 가죽옷과 삼
베옷을 입었는데 무늬가 없었다. 오늘날 눈과 같이 흰 무명베는
실로 선생이 북경北京에서 돌아오면서 붓대롱 속에 목화씨를 넣
어 가지고 와 우리나라 사람들에게 널리 퍼뜨려 비로소 입게 되
었다. 길吉할 때나 흉凶한 일을 당했을 때 입는 옷이 달라지는 제
도가 생기고, 날씨가 추울 때도 얼어 죽지 않게 되었다.

여러 역사를 고찰해 보건대, 원래 우리나라에 백성들이 살기

시작한 것은, 중국 고대 요堯 임금과 같은 시대였다. 오곡五穀은 은殷나라 말기에 나오게 되었지만, 무명은 고려高麗 말기가 되어서야 번성하게 되었다. 이 두 가지가 우리나라에 나오게 된 상호 간의 시간차는 천 여 년이나 되는데, 알맞은 사람을 기다렸다가 이루어진 것이다. 의복과 음식의 근원은 그 유래한 바가 멀지만, 대저 의복과 음식은 세상에서 큰 생명의 근원이다. 그러나 성인 聖人도 오히려 배불리 먹고 따뜻하게 입고 편안히 살면서, 가르침이 없는 것을 천하의 큰 근심으로 생각하여 천하의 큰 윤리倫理 속으로 인도해 갔다. 그 도道는 부자父子나 군신君臣 간의 일로부터 시작되었다. 그렇기에 덕德을 바르게 하고 생활을 넉넉히 하며 화목和睦 하게 된다면, 천하를 다스릴 수 있을 것이다.

선생은 문제가 많은 시대를 만나, 일찍이 몽고족蒙古族 나라의 조정에 사신으로 갔다가 남쪽 월越 땅으로 귀양 가서 만리萬里 밖에서 구금을 당하셨다. 즐겁게 어려움에 대응하여 의리상 사나운 무리들의 위협을 받아들이지 않으셨다. 덕흥군德興君 왕혜王譓와 최유崔濡 등 반역도들의 실정을 살피시어, 마침내 간사한 자들의 간담을 무너지게 하고, 몽고 사람들의 얼굴빛을 고치게 했다.

만 번 죽을 고비를 넘기고 우리나라로 돌아오게 되었다. 고려의 기강紀綱이 이미 무너졌음을 보시고는 정치를 사절하고 고향으로 돌아가, 9년 동안 사람을 접견하지 않으셨다. 이윽고 천명天命이 정상적이지 않음을 통탄하면서, 신하의 도리로 자신을 지켜나갔는데, 이것이 곧 선생先生이 임금을 섬기는 방식이었다.

그때 상례가 무너져 사대부士大夫들이 모두 상을 당한지 100일 만에 상복을 벗고 평상복을 입었다. 선생만이 혼자 묘소 곁에 움막을 짓고 생활하면서 3년 동안 상주 노릇하면서 슬픔과 예법을 다 갖추었고, 세속을 따라 천성天性을 바꾸지 않으셨다. 모친 상母親喪을 당하여 상주 노릇하고 계실 때, 바다 건너 왜적들이 미처 날뛰자, 남자와 여자들이 어지럽게 흩어져 달아났으나, 선생만은 홀로 상복을 입고 묘소 앞에 꿇어앉아 평상시처럼 소리치며 울부짖으시니, 왜적들이 서로 돌아보며 감탄하고는 묘소의 옆 나무를 깎아서 '물해효자(勿害孝子 : 효자를 해치지 마라)'라고 썼다. 이것으로 왜적들이 다시 경내에는 들어오지 않아, 온 고을이 온전하게 되었는데, 이것이 어버이를 모시는 정성이었다. 앞 왕조 고려高麗에서 선생의 그 효행을 가상하게 여겨 효자리孝子里라는 효자비를 세웠다.

우리 조선조朝鮮朝에서 선생의 절개를 높게 생각하여 충신의 정려旌閭를 세우고 포장褒獎하시니, 그 명성과 빛은 시대를 지날수록 더욱 빛나니, 우리나라 사람으로 선생이 전한 무명옷을 입는 사람들은 보고 느낄 것이다.

선생은 또 군신君臣과 부자父子가 지켜야 할 큰 윤리倫理를 밝혔으니, 선생이 이 나라 백성들에게 끼친 것이 두텁지 않은가? 선생의 학문은 스승의 학문을 이어받은 것이 아니었다. 요망한 중이 어지럽히는 시대를 만나 탑과 절이 구름을 가렸고 부처를 찬미하는 불가의 노래가 하늘에까지 닿았다. 육경六經은 소홀히 여겨져 유행流行되지 않았고, 윤리도덕에 따라 나라를 다스리는 도道는 땅에 떨어져 시행되지 못했다. 사람들이 정자程子 주자의 책이 우리 동쪽 나라로 전해져 온 것을 보고서도 무슨 말인지 알지 못했다. 선생은 포은圃隱과 반남潘南 등 여러 어진 사람들과 함께 유학儒學을 강의하는 관직에 선발되어, 정미精微하고 오묘한 이치를 깊이 연구하였다. 개연慨然히 끊어진 학문을 주창하여 일으키고, 이단異端의 잘못된 점을 밝혀 배격하는 것을 자신의 임무로 삼으셨다.

상소하여 당시 시급한 일을 아뢰었는데, 먼저 학교를 건설하고 사당을 지어 신주神主를 모시고, 오랑캐의 의복제도를 고치고 의창義倉을 두어야 한다는 건의를 했는데, 이것은 분명하게 모두 후세의 법도가 되었다.

고려高麗는 큰 나라였으므로 진정 마땅히 정직하고 훌륭하며 세상에 나오기 드문 신하가 있어, 왕실의 빛이 되어 그 끝맺음을 장하게 해야 했다. 선생 같은 분은 기자箕子가 세운 나라에서 생장하여 벼슬을 하거나 물러나 집에 거처하는 도리에 있어, 큰 것을 세운 사람이 되기에 부끄럽지 않다. 이런 까닭에 군자다운 사람들은 그 어진 것을 어질게 알아 스스로를 깨끗하게 할 수가 있었고, 보통 사람들은 그 이로움을 이로움으로 삼아 스스로 착하게 할 수가 있었다. 옛날에 이른바 '큰 덕을 잊을 수가 없구나'라고 말한 그 '큰 덕'이라는 것이, 이런 데 있을 것이다. 이런데 있을 것이다.

사당祠堂은 세조世祖 신사辛巳년(1461)에 조정의 명命으로 완성되었다. 임진왜란壬辰倭亂때 불탔다가, 광해군光海君 경신년(1620)에 다시 건립했다. 정조 정미년(1787)에 편액扁額을 다시 내렸다.

그 앞의 시내는 도천道川이라 하고, 산은 집현산集賢山이라 하며, 골짜기는 오리동梧里洞이라 한다. 백세百世 뒤에 이 사당에 올라 공의 기풍氣風을 흠모欽慕하는 사람은 또한 산천과 골짜기에서 구하여 그 이름을 돌아보고 일어나 여러 어진 사람들이 모여들게 될 것이니, 아마도 어진이의 훌륭한 은혜를 저버리지 않을 것이다.

승정崇禎 뒤 네 번째 무인戊寅년(1818) 7월 일에, 생원生員 오우상吳羽常은 짓는다.

1) 木綿花發海東田 歲歲農家誦古賢 零落耳孫還凍餒 漑根食實豈其然.

2) 忠臣孝子果何耶 不見先生只見花 花是木綿綿不絶 朝鮮億載富民家.

3) 神農敎民耕 后稷敎民穡 忠宣衣我民 豊功倍前昔.

4) 今我三憂先生寅慕 有地創以精舍 舍酒于玆土以先生梓鄉杖屨之墟 復遺隆之地 而地是蘆山下 故楣之曰蘆山 山舍之源委亦可見剝復底理矣 噫惟我先生以我東 正學儒宗兼有若萬世殊勳力願所妥 道川本院 亦當竝列於勳祠永傳 而竟未免頃 年之混撒者 盖由於遐野淺情未暇於焉 因收拾道川餘礫儳縛數椽於校底徒假名興 學齋 歷十數年移還其齋于此 以先生墓閣相換維新 而今與思齋共一所誠不偶哉 盖先生曾所享七院之復設無期 請應之擧數度而兪音未蒙肆 今日南國多士齋咨悉 誠復我柳侯衛道協議 居然泉石永爲吾林之所依歸 而矧玆地之勝山祖大聖 江枕 新安甚奇遇焉 亦一南國之紀矣 舍惟面陽而五樹 而右扁仰止軒 左楣以學而齋 亦嘗顧名了有所思歟 特於此舍謹取朱夫子滄洲精舍儀節 妄加參酌增損 每用歲 之三月朔日 會多士奉先生紙牌燒瓣香瞻拜 訖行相揖柮飮等禮 因修鄉約講經 學薰暎衢燭之末光 歌樂菁莪之晟若是乎 儒風復振斯文有傳則自玆丹邱之蘆山精 舍 超然歸然于吾海東百世矣 夫若夫三憂堂道學惠功 炳如布在於國乘及儒苑 有 非末學敢贊一辭 今余與同志星州李道頉 猥參是役而 本裔文在祚及正夏 諸人因 共議宣力焉 途爲之敍 辛卯三月旣望庚辰安東權相迪謹書.

5) 蘆山文三憂先生堂斧所託 一肘抱西轉而與蘆山相對 舍而名焉 盖古無而今有 道 川之上 古有三憂堂 堂圮而院 士林以爲己歸 院撤而無所於歸 則鄉秀士權公相迪 李公晦根 詢謀于多士與諸文氏 始有舍 舍凡五架 東爲齋曰學而 以受四方來學 西爲軒曰仰止 以處凡瞻慕而來者 中爲堂曰示敬 以爲春秋舍菜講誦之所 而蘆山 其總名也 昔是之未會 墓齋也 子孫芬苾於是 舍其傍 不能容來士 於是齋與舍易 處 盖皆於先生事 無傷也 宇萬嘗再過丹丘 式先生故里 默誦三憂之目 不覺發歎 曰 凡今之大夫 皆以宗國之不振爲憂 則國勢不至於此矣 凡今之士 皆以道學之不 明爲憂 則異說不至於此矣 凡今之人 皆以己德之不修爲憂 則民風不至於此矣 里 傍有一區田 居人稱肇種木綿處 周匝再歎曰 東方萬億年衣被生靈 其原盖出於此 乎 登蘆山拜先生幽堂 降而入精舍 濟濟衣冠 揖讓就坐 堂壁有釋菜儀節 庭階有 折旋繩尺 宛然如先生在座 謦欬於諸生也 茶畢 具道立舍原委 且曰舍不可無文

方欲具書謁文於子 子來何奇 盍於是圖諸 謝辭不獲命 謹敍述其見聞 以爲之記
辛丑端陽節後學幸州奇宇萬撰.

6) 江城古郡治也 治之北十里 許有所謂葛蘆山 其山自德裕 南馳數百里 止此而盡焉
大聖鎭其北新安經其南 故忠宣公隱文先生嶽降之鄕 而衣履之阡在山之下先生
當麗季一心王國不貳所事倡明正學以開我人其忠孝道德之實 分明是左海之儒宗也
肆昔我恭靖王命葬于此 追封江城君爲之贈秩贈諡以褒其功 爲之建墓祠給復戶以
賞 其德後王相繼崇獎 而至於宣額道川 以勵士風尤有光於本 鄕之人士也 書院
舊在道川之上 穆陵壬辰之燹廢而不享 我伯先祖梅軒公 昌需生上書于朝復設立
焉 中年本院混入於邦禁之中 因鞫爲茂草矣粵 辛卯海間權公相迪尤山李公晦根
詢謀于士林子姓別立思齋於墓祠之旁 收拾書院餘物揭蘆山精舍之額於祠顔 每年
春秋會多士于斯堂 焚香奠菜于先生而會講焉 諸公當日尊賢興學之誠盰亦盛矣
荏苒歲月杇棟敗礎 將不勝大廈將傾之憂 而加以鬱攸之鬼闖入而致災 鄕人爲之
齋咨而永歎 匠石爲之却顧而走 一日梅軒後孫亮洙 顧謂士林朴瑗植及先生本孫
錫杓在魯泰郁等曰 此堂不修老先生之尊仰無地 先賢所以致力設院之遺意茫然無
攷述矣 乃慨然發憤致鄕人而議之 遂鳩財招工仍舊貫而重新之 軒窓房室殊極瀟
灑門墻庫舍益增顔色 役告訖僉告余曰 今此之役可謂時掘舉嬴矣 可無一言以記
顚末 自顧棄不文不足以擔是責 然重違勤意 姑述其顚末 如此云爾 屠維協洽汃
月上 浣鄕後學 星州李道復記.

7) 燕都夢裡昔驅馳 滿面黃塵只自悲 辛苦歸來志從義 太平歌詠錄爲詩 朝中抱笏將
三品 嶺外江山又一麾 偃臥病牀來往少 不知敭歷已多時.

8) 海東有國是何代 邃古渺茫人莫識 蠢蠢蟲蝱皆生民 生民只在衣與食 衣以被體過
寒溫 食以養飢度朝夕 我邦僻在天一隅 綾羅錦繡知未得 女工本自隨土産 紵麻紬
絹促能織.

9) 東溟開國幾千秋 衣被生民自有田 可惜文君囊底物 翻成泉貨長繆悠.

10) 一介前朝諫大夫 衣民功與泰山高 歸來日飮盃三百 醉臥乾坤氣像豪.

11) 江城忠孝是文公 衣被生民后稷同 不見雲仍今顯祿 東人何以更酬功.

12) 絲粒神功仰稷陵 窮天報祀爲黎烝 東人永賴綿衣利 酬德寥寥慨歎增.

13) 有明建文二年庚辰 高麗左司議大夫三憂堂先生文公卒 我恭靖王命以禮葬于江城
縣北新安里葛蘆山之陽 賜祭田建墓祠於其下 置守塚給復戶粵 明年辛巳上旌其
閭曰 高麗忠臣之門 追贈議政 封江城君 諡曰忠宣 盖先生在麗季 事君而忠動虜

廷 事親而孝感異類 澤民而衣被萬世 倡正學闢異端斯文之功 亦莫與竟列聖之褒
章 諸賢之贊述已備矣 而退陶云一國之衣冠文物煥然一新 尤齋云程朱氏沒能得
其傳 二先生之論略而盡矣 至若墓祠則南冥先生記之 自經龍蛇之燹祠墟 而文雖
殘缺亦足徵信百世何用更贊 遠近雲仍嘗就其遺址肯搆一茅 而奉歲一祭 哲宗癸
丑祀孫秉烈與其族在賢 既然興嗟曰是非所以尊奉吾先子之道 迺謀諸族殫誠鳩財
用瓦易茅舊貫重新 正所謂不忍廢不忍荒者耳 今上辛卯鄉人營作數間精舍於其側
以為春秋釋菜講學之所 以其廳事狹隘不能容鄉俊之來者 因以易之揭精舍之扁於
舊屋 而順其新築曰新安思齋 每有事士林子姓咸集而周旋焉 舍以尊賢齋以追遠
賢賢親親道亦備矣 竊惟尤翁所謂能得其傳所傳者何事 登斯齋者不可以不之思也
豈惟邱水桑梓之是思哉 蘆山楸栢濱於新安之江亦非偶然 因地寓慕溯 而上之以
求其朱子之所傳 而講先生之所得 則庶乎不愧為後孫也後學也 祀孫宅鎬以余為
先生之鄉後生 請記其事余不敢以非其人辭 永曆五回 屠維大淵獻重陽 後學 星
州李道復記

189

참고문헌

『고려사』

『고려사절요高麗史節要』

『조선왕조실록』

허권수 편역, 『삼우당문집三憂堂文集』, 삼우당문집편찬위원회.

국사편찬위원회, 『수집사료해제집. 6, 장성 행주기씨幸州奇氏, 정읍 도
강김씨道康金氏, 합천 노백서사老栢書舍, 산청 도천서원道川書院』,
국사편찬위원회, 2012.

이원·이광우 저, 최석기·강정화 역, 『역주 청향당실기 죽각집』, 합천이
씨 배양종중, 도서출판 술이, 2014년.

이옥희, 「문익점 목면 전래에 관한 문헌자료와 구비자료의 담론 양상과
의미」, 『남도민속연구』 Vol. 32, 남도민속학회, 2016.

김형수, 「공민왕 폐립과 문익점의 사행」, 『한국중세사연구』, 한국중세
사학회, 2005.

설석규, 「삼우당 문익점의 학문경향과 사림의 추숭운동」, 『안동사학』
Vol. 10, 안동사학회, 2005.

김성환, 「이규보, 문익점이 보여준 난세의 처세술」, 『월간 말』, 2004.

김성준, 「문익점과 목면전래의 역사적 배경」, 『동방학지』 Vol. 79, 연세
　　　대학교 국학연구원, 1993.

문경현, 「문익점의 사행과 목면 전래」, 『복현사림』 Vol. 26, 경북사학
　　　회, 2003.

윤정희, 「목면 재배인 정천익」, 『안동사학』 Vol. 10, 안동사학회, 2005.

노시훈, 「광역 문화자원의 수집과 기록 : 아시아 목화문화자원을 중심으
　　　로」, 『기록학연구』, 한국기록학회, 2011.

김기주

계명대학교 철학과를 졸업하고, 臺灣東海大學 哲學硏究所에서 석사와 박사학위를
취득하였다. 현재 계명대학교 타불라라사 칼리지에 재직하고 있다.
저역서로는『서원으로 남명학파를 보다』,『조선시대 심경부주 주석서 해제』
(공저),『심체와 성체 총론편』,『유교와 칸트』(공역) 등이 있으며,「기발리승일
도설로 본 기호학파의 3기 발전」,「이상사회에서의 일과 노동」등 60여 편의
논문이 있다.

도천서원 道川書院

2018년 5월 2일 초판 1쇄 인쇄
2018년 5월 8일 초판 1쇄 발행

지 은 이 김기주

발 행 인 한정희
발 행 처 경인문화사
총괄이사 김환기
편   집 김지선 박수진 한명진 유지혜 장동주
마 케 팅 김선규 하재일 유인순
출판번호 제406-1973-000003호(1973년 11월 8일)
주   소 경기도 파주시 회동길 445-1 경인빌딩 B동 4층
전   화 031-955-9300   팩   스 031-955-9310
홈페이지 www.kyunginp.co.kr
이 메 일 kyungin@kyunginp.co.kr

ISBN 978-89-499-4747-1 93910
값 10,000원